슬기로운 직장생활

WISE WORK LIFE

슬기로운 직장생활

실패하지 않는 직장생활 노하우
Do & Don't

하준삼 지음

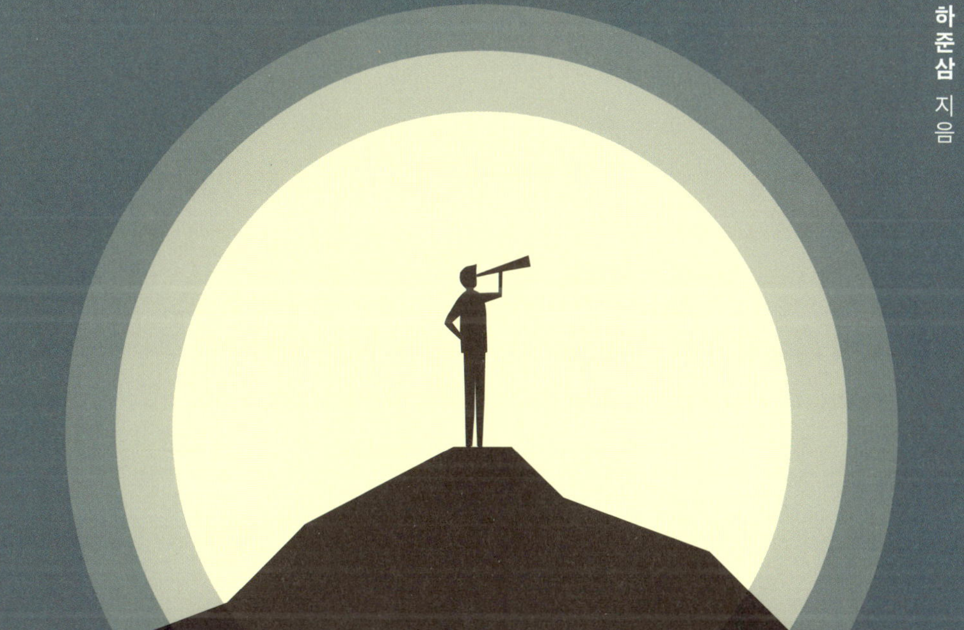

이론과 실제 경험으로 만든 직장 생존전략

 **성공가능성을 높여주는 10가지 행동**
실패확률을 줄여주는 10가지 행동

인간은 합리적인 판단을 하는가? 조직은 완벽한 시스템으로 운영되는가?

가넷북스

프롤로그

　30년을 꼬박 직장이라는 울타리 안에서 생활하였습니다. 젊음의 대부분을 회사조직에서 상사, 동료, 부하직원과 생사고락을 함께하면서 무엇하고도 바꿀 수 없는 소중한 경험을 하였습니다.

　처음 입사할 때만 해도, '과연 10년은 버틸 수 있을까?' 하고 의구심도 있었습니다. 한 해 한 해 지나면서, 미숙함은 점점 없어지고 해당 업무의 베테랑이 되어가는 느낌이 늘어났습니다. 남들보다 더 적극적인 자세로 새로운 업무, 상품개발에도 노력을 기울였습니다. 부족한 지식은 금융공학 MBA, 경영학 박사 학위를 취득하는 과정과 다양한 각계각층의 사람들과의 교류와 경험으로 조금씩 채워나갔습니다.

　금융 특허를 여러 개 등록하고, 투자상품 분야에 전문가로 인정받을 수 있었던 것은 조직 내의 훌륭한 선배, 동료들이 나를 잘 이끌어 주고 도와주었기 때문이라고 생각합니다.

　지금 대학교에서 증권시장론, 경제학원론, 경영학원론, 조직행동론 등의 과목을 가르치면서 이론과 경험을 같이 학생들에게 전달하는 것은 소중한 경험이며 큰 보람 중 하나입니다.

직장생활 30년 동안 많은 굴곡이 있었고, 과정 하나하나를 잘 극복하기 위해 노력을 기울였습니다. 오랫동안 몸담았던 조직을 떠나고 바깥에서 보니, 잘했던 점, 아쉬웠던 점이 제대로 보입니다.

그때로 다시 돌아간다면 더 잘할 수 있을 텐데, 아쉬움과 미련도 생깁니다.

조직 관련 과목을 공부하고 가르치면서, 조직생활 중의 경험을 같이 스크린해 보았습니다. 열심히 조직 내에서 최선을 다하는 후배들에게, 그리고 미래에 입사를 하여 역량을 발휘할 대학생들에게 도움이 될 이야기를 해주고 싶습니다.

직장생활을 30년, 결혼생활도 30년 하였습니다. '수신제가치국평천하(修身齊家治國平天下)'라는 말이 있듯이 가정생활이 원만해야 직장에서도 역량을 제대로 발휘할 수 있습니다. 책 후반부에는 '슬기로운 가정생활'에 대한 필자의 경험을 이야기하였습니다.

항상 실패 없이 주욱 성공 가도를 달리지 않았고, 성공과 실패를 주기적으로 반복했습니다. 그 과정에서 어떻게 하면 더 잘할 수 있는지, 어떻게 하면 실패의 횟수와 크기를 줄일 수 있는지를 생생하게 경험하였습니다.

모쪼록 내가 쓰는 글이, 직장생활을 하는 후배들과 직장을 준비하는 예비 직장인들에게 도움이 되기를 바랍니다.

이 책이 만들어지는 데 도움을 주신 분들께 감사의 말씀을 전합니다. 바른북스의 김병호 대표님, 이지나 님 감사합니다.

아울러 저를 낳아주신 부모님, 동생들, 늘 한마음으로 응원해 준 사랑하는 아내 윤신, 그리고 멋진 아들 동우, 예쁜 딸 선우에게 고마움을 전합니다.

앞으로도 지금까지 해왔던 것처럼, 겸손한 마음으로 부지런하게 자신을 성찰하고 늘 남에게 도움을 줄 수 있는 삶을 살 수 있도록 노력하겠습니다.

2024년 찬 바람 부는 겨울에
하준삼

목차

프롤로그

1부
성공하는 10가지 행동

1. 일찍 출근하고 일찍 도착하라 14
2. 기대치보다 더 많은 걸 주어라 20
3. 이타적인 행동을 해라 25
4. 힘들 땐 도움을 청해라 30
5. 핵심 세력(inner circle)에 들어가라 36
6. 건전한 긴장감을 가져라 42
7. 가슴이 뛰는 일을 같이 해라 47
8. 지금 시작해라 52
9. 나를 잘 가꾸어라 57
10. 나만의 멘토(mentor)를 가져라 62

WISE　WORK　LIFE

2부
실패하는 10가지 행동

1. 아쉬움을 남겨라   70
2. 권력에 맞서라   75
3. 타인과 비교해라   82
4. 공식조직만 고집해라   89
5. 글과 문서로 남겨라   95
6. 성공 방식에 익숙해져라   101
7. 세상일에 신경 써라   106
8. 매일 똑같이 살아라   112
9. 다른 사람의 평가에 목숨 걸어라   116
10. 내 생각만 고집해라   121

3부
슬기로운 가정생활

1. 평생 친구와 잘 지내려면　　　　　　　　　　132
2. 멋진 아들, 이쁜 딸과 잘 지내려면　　　　　　139
3. 부모님, 형제, 식구들과 잘 지내려면　　　　　147
4. 성공담과 실패담　　　　　　　　　　　　　153
5. 건강한 가족관계란　　　　　　　　　　　　157
6. 인생에서 100% 만족은 없다　　　　　　　　163
7. 3가지 밸런스를 유지하자　　　　　　　　　171
8. 인생 전반기에 배운 것들　　　　　　　　　178
9. 성공적인 가정생활이란!　　　　　　　　　　185
10. 아빠, 남편, 아들, 아저씨, 아버님…　　　　　190

WISE　WORK　LIFE

4부
세상을 움직이는 5가지 이야기

1. 완벽하지 않은 인간　　　　　　　　　　　　　200
2. 중요한 결정이 쓰레기통에서?　　　　　　　　206
3. 동전은 양쪽 면을 항상 가지고 있다　　　　　212
4. 세상일, 잘 안되는 것이 디폴트이다　　　　　217
5. 녹슨 바늘만 아니면!　　　　　　　　　　　　222

에필로그
　　- 어쩔 수 있는 것에 집중하기

1부

성공하는 10가지 행동

1

일찍 출근하고 일찍 도착하라

- 첫인상과 평판 유지에 큰 도움을 준다
- 직장 상사, 부서장과 자주 볼 수 있는 기회가 있다
- 긍정적인 기대감과 동기부여로 스스로 더 잘하게 된다

30년 직장생활을 마치고 대학교에서 학생들을 가르치고 있다. 직장인에서 교수로 신분이 바뀌고 경영학원론, 조직행동론 등의 이론을 가르치면서 직장생활의 성공과 실패 경험을 전달하여 학생들에게 호응을 얻고 있다.

학생들과 이런저런 이야기를 나누어 본다. 무엇을 하고 싶은지, 어디에 관심이 있는지 다양한 생각을 들어볼 수 있다. 학생들의 최대 관심사 중 하나는 역시 좋은 회사에 취업을 하는 것이다. 3, 4학년이 되면 보다 구체적으로 원하는 분야와 회사에 대해 파악하고 취업 준비에 박차를 가한다.

30년간의 직장생활을 돌아보면 하면 좋은 일, 해서는 안 되는 일들이 있었다. 내가 경험한 성공과 실패담이 직장생활을 준비하는 대학생, 그리고 이제 막 입사한 사회 초년생 및 주니어 직장인에게 도움이 될 것이라고 생각한다.

그중 **첫 조언은 '일찍 출근해라. 일찍 도착하라'**는 것이다.

학생들은 대학교에서 전공과목을 수강하고 필요한 자격증도 취득하고 필요한 스펙들을 쌓기 위해 최선의 노력을 한다. 그리고 어렵게 취업을 해서 몇 주, 몇 달간의 업무 연수를 받고 현장에 배치된다.

필자도 회사 연수원에서 직원 연수업무를 5년간 담당했다. 상당한 기간 동안 업무 연수를 실시하고 현장에 보내도 당장 선배, 동료 직원만큼 일을 해내기는 쉽지 않다.

은행의 경우 단순한 입출금부터 예금, 적금 가입과 해지 업무 등이 처음에는 쉽지 않다. 금융 관련 다양한 자격증이 있어도 처음 돈을 만지고 지급하면서 숫자가 1원이라도 틀리면 안 되기 때문이다. 따라서 몇 개월 동안은 해당 지점과 부서의 선배 직원을 멘토로 업무와 직장생활 기본을 교육받는 것이 일반적이다.

그렇다면 **업무도 잘 모르고, 직장생활도 잘 모르는 신입사원이 잘할 수 있는 것은 무엇일까? 바로 일찍 도착하는 것, 일찍 출근하는 것이**

다. 요즘의 신세대, MZ세대는 '왜 일찍 출근해야 하나?' 하는 의문이 들기도 할 것이다.

 직장생활에서 첫인상 그리고 좋은 직원으로 인식되는 것은 중요하다. 많은 업무들이 전산화되고, 사람이 직접 해야 할 일들이 줄어들고 있지만 최종 평가는 사람이 한다. 따라서 직장 동료들의 평가, 특히 상사의 평가는 매우 중요한 요소이다.

 그런데 선배들 입장에서는 신입사원에게 제대로 된 일을 시키는 것이 부담스럽다. 적어도 몇 개월은 지나야 겨우 반 사람 몫 정도를 할 수 있을 테니까.

 그 때문에 신입사원은 선배와 동료들에게 좋은 인상을 심는 것이 중요하다.

 사회생활을 해본 사람들은 첫인상의 중요성을 실감한다. 대부분의 사람들은 10분 이내에 상대방의 성격, 능력, 평판을 파악하게 된다. 나중에 이 첫인상을 바꾸려면 많은 노력이 필요하다는 것을 알게 된다.

 존 메디나는 책 《직장으로 간 뇌과학자》에서 10가지 두뇌 법칙 중 하나로 **'상대를 사로잡는 것은 최초의 10분에 좌우된다'**라고 밝혔다.

인간은 선사 수렵시대부터 생존 DNA를 가지고 있다. 처음 가는 사냥터나 낯선 사람을 만났을 때 그 사람이 우호적인 사람인지, 위협적인 사람인지 빨리 판단해야 생존할 수 있었다. 이런 현상은 현재도 이어지고 있다. 첫 만남 10분 내에 그 사람의 전부 또는 상당 부분을 파악하고 평가해 버린다. 이후에 시간을 두고 얻게 되는 정보는 과소평가된다. 따라서 새로운 사람들과 만났을 때 10분, 일주일, 한 달이 매우 중요한 시기가 된다.

입사하면서 '제일 먼저 출근하고 제일 늦게 퇴근해야겠다'라는 다짐을 지킨 한 선배는 임원 자리까지 올라갔다. 물론 일찍 출퇴근하는 것뿐 아니라 다른 일들도 열심히 했기 때문에 성공했겠지만. 그러나 더 일찍, 더 늦게 회사에 머무르겠다는 마음가짐과 실천이 그를 남과 차별화된 사람으로 만들었을 것이다.

출처: Pixabay

상대적으로 퇴근 시간은 그리 중요하지 않다. 야근을 하면 추가수당을 지급해야 하고 직원들의 불만도 높아져 최근에는 아예 시스템적으로 야근을 금지하는 회사도 많아졌다.

출근을 빨리하면 유리한 점이 많다.

첫째, 한 시간 정도 빨리 출근한다면 러쉬아워를 피해 편안하게 출근할 수 있다. 자차로 출근한다면 30% 이상 시간을 줄일 수도 있다.

둘째, 직장 선배들과 동료들에게 좋은 인상을 심어줄 수 있다. 업무와 직접 관련이 없어 만날 수 없는 차상위, 또는 부서의 장들은 일반직원보다 일찍 출근하는데, 이들에게 성실하고 근면한 인상을 심어줄 수 있다.

셋째, 먼저 출근하면 나만의 시간을 따로 가질 수 있고, 업무 준비도 충실히 할 수 있다.

무엇보다 선배들에게 좋은 인상을 심어주면 긍정적인 기대가 생기고, 이에 부응하기 위해 동기들보다 열심히 하면 실제로 좋은 평가를 받게 되는 선순환이 형성된다. 즉 **의도하든, 하지 않았든 출발선이 남보다 더 앞에서 만들어진다.**

신입사원 시기를 지나 회사 일이 꽤 익숙해진 직장인들도 출근 시간을 한 시간 정도 당겨보라. 아침에 다양한 일들을 할 수 있다. 직장 근처 헬스장에 등록해 운동과 샤워를 하고 출근하면 상쾌하게 하루를 시작할 수 있다. 근처에 어학학원이 있다면 새벽반에 등록해 꾸준히 다니면서 어학능력을 키울 수 있다.

필자는 비즈니스 또는 개인적인 미팅을 할 때, 약속시간보다 한 시간 정도 여유를 가지고 가는 편이다.

교통 혼잡이나 예상치 못한 일이 생기더라도 최소 30분 전에는 도착할 수 있다. 비즈니스 미팅인 경우 어떻게 이야기를 풀어갈지, 무엇을 강조할지 등을 차분히 생각할 수 있다. 사적인 만남의 경우 상대방의 어떤 점을 칭찬할지, 부탁할 것이 있으면 내가 먼저 무엇을 해줄 수 있는지 생각해 본다. **일찍 도착하는 것만으로도 그 만남을 내 것으로 만들 확률이 높아진다.**

단순히 일찍 출근하고 도착하는 것만으로 하루의 시작을 충실하게 할 수 있다. 특히 신입사원들은 한 시간 빨리 출근하는 것을 권한다. 사회생활의 첫 시작을 좋은 평판으로 시작할 수 있다. 기존 직장인들은 출근 시간을 당기기만 해도 직장생활이 달라지는 것을 느낄 수 있을 것이다.

2

기대치보다
더 많은 걸 주어라

- 내가 받는 보수보다 더 많은 사용가치를 주어라
- 내가 하나의 물건, 서비스라고 생각해 보라
- 하루, 매월, 연중 기대치로 성공할 하나의 목표를 정하라

직장생활을 하다 보면, 일을 해내는데 썩 맘에 들지 않는 사람들이 있다. 시킨 일만 딱 해낸다. 월급받은 만큼만 일을 한다는 자세이다. 부여받은 일을 제대로 해내지 못하는 사람보다는 나쁘지 않고, 조직에 해를 끼치지 않아서 뭐라 이야기할 건 없다. 그런데 '그 직원이 나중에 개인적인 성장을 이어갈 수 있을까?'에는 의문이 든다.

왠지 끌리는 사람들이 있다. 내가 기대한 것보다 무언가를 더 주는 사람들이다. 따로 이야기를 하지 않았는데도 부서에, 회사에 필요한 일을 미리 한다. 주어진 목표만큼의 일을 지시하여도, 기대 이상의 일을 해낸다. 물론 다 필요한 일들이다.

물건을 구매할 때, 여러 가지 척도 중에 가성비가 있다. 가격 대비 더 나은 품질이나 서비스를 제공하는 것이다. 나는 1만 원을 주고 구입했는데, 1만 2천 원 또는 그 이상의 만족을 주면 다음에도 나는 그 제품을 구매할 것이다. 나뿐만 아니라 일반 소비자들의 구매행렬이 이어지면 그 제품, 그 회사는 대박이 나게 된다.

수중에 몇만 원만 있으면 가성비 있는 제품들 여러 가지를 살 수 있는 상점이 있다. 1천 원에서 비싸도 5천 원인 제품들이 매장을 꽉 채우고 있는 '다이소'이다. 예전에는 대형마트 한쪽 구석을 차지하고 있던 다이소는 롯데마트, 이마트가 리모델링을 하면 가장 좋은 자리에 넓은 매장을 차지하는 '알짜' 매장이 되었다. 대형마트 입장에선 다이소에 내점하는 고객 수가 많아져서 자기들 매장의 판매고가 같이 올라가기 때문에 몫 좋은 자리를 주는 것이다.

조직에서 성공하려면 여러 조건이 있을 것이다. 그중 한 가지는 **나를 찾는 팬들이 많아져야 한다는 것이다.** 즉 인기가 좋아야 한다. 그러려면 상사, 동료, 부하직원 모두 **동일 수준의 직원 대비 나에 대한 가성비, 기대수준이 높아야 하고, 실제로 상대방이 그런 경험을 하게 만들면 된다.**

최초 출간일이 1910년이고, 이후 지속적으로 개정 출간되고 있는 《불멸의 지혜》(스노우폭스북스)라는 책이 있다. 책 내용 중에 특별한 원리, 현재의 상황을 단박에 바꿔줄 그 무엇이 있을까?

점쟁이가 이야기하는 것처럼 콕 집어서 이야기하는 시원한 내용은 없지만, 직장생활을 하는데 참고할 만한 이야기는 다음과 같다.

'삶을 살아가는 자세는 감사하는 마음, 경쟁적 사고보다 창조적 사고로, 모든 사람에게 그가 나에게 받는 가치보다, 더 많은 사용가치를 주어야 한다' 매번 이렇게 행동하다 보면 자연스럽게 내가 이루고자 하는 것들이 저절로 따라올 것 같다.

말은 쉽지만, 직장생활이 2~3년 지나고 보면 입사할 때의 초심(부여되는 일은 어떤 것이든 최선을 다해 전력투구하겠다)은 서서히 없어지고 부여되는 업무만 어떻게든 해보겠다는 자세로 바뀐다.

출처: Pixabay

나도 하나의 물건이나 서비스라고 생각해 보자.

조직에서 나에게 기대하는 것보다 더 많은 걸 해내고, 지급받는 월급보다 더 많은 성과를 해내야 나를 다른 사람보다 더 찾지 않을까? **나를 찾는 수요가 많아질수록 나의 가치는 더 올라가게 된다.**

200%, 300% 더 하는 것을 말하는 것이 아니다.
내가 같이하고 있는 사람들 사이에서 상대방이 기대하는 것보다 조금 더 하면 된다. 매번 그런 일들이 누적이 되는 걸 스스로 상상해 보라.

그러나 매사에 기대치보다 더 나은 가치로 해내는 것은 쉽지 않은 일이다.

오늘 여러 가지 일 중에 한 가지 중요한 일을 정해보자.
'이 일은 여러 사람이 기대하는 기대치를 뛰어넘게 일을 해보자!' 하고 목표를 세우고 실행해 본다. 한 달에 한 가지, 업무 또는 작은 프로젝트를 내가 기대치를 뛰어넘어 실행할 일로 정해본다. 분기에, 반기에 1년에 해낼 일을 각각 정해본다.

조직에서, 주변에서, 거래 상대방이 보기에 기대하는 성과 이상으로 해낼 일들을 정하고, 글자와 문장으로 적어본다. 그리고 최선을 다해서 실행한다.
처음엔 당연히 어렵다. 그렇지만, 일련의 과정들이 하나씩 결과로 나타나면, 나의 행동과 결과에도 탄력이 붙게 된다. 당연히 주변에서 보는 시각도 긍정적으로 변하게 된다.

기억하라.

'모든 사람에게 기대하는 가치보다 더 많은 가치를 제공하자. 상대방의 입장에서 그 가치기준이 얼마나 되는지 생각하고, 그 이상이 되도록 실행해 보자!'

3

이타적인
행동을 해라

- 굳이 꼭 하지 않아도 되는 일, 내가 먼저 하자
- 당장 나타나지 않지만, 차곡차곡 신뢰를 저축하는 행동이다
- 주어진 역할만 잘하는 것으로 충분하지 않다

여러 사람이 모인 조직에서 생활하다 보면 사람들 간에 갈등이 필연적으로 발생하게 된다. 일반적으로 '갈등'이 부정적인 단어로 인식되지만 조직에서 꼭 부정적 역할만 하는 것은 아니다.

한정된 자원으로 목표를 달성하기 위해 경쟁하다 보면 갈등이 필연적으로 발생하기 때문이다. 반면 성과에 대한 보상이나 피드백이 부족한 조직에서는 상대적으로 갈등이 크게 발생하지 않는다.

직장 내에서 발생하는 문제, 즉 갈등은 업무와 관련되거나(직무 갈등, task conflict), 인간관계에서 발생하는 것(관계 갈등, relation conflict)이 대부

분을 차지한다.

　조직은 서로 다른 목표, 가치관, 관심사를 가진 다양한 개인들과 다양한 집단들로 이루어져 있다. 한정된 자원을 가지고 더 가지려고 하고, 더 나은 성과를 보이기 위해 경쟁하는 것은 이미 태생적, 구조적으로 정해져 있는 상황으로 볼 수 있다.

　갈등이 발생하고, 상대방을 경쟁에서 이겨야 하는 물리적인 환경에서 **당장 나에게 이익이 되지 않지만 상대방, 조직 또는 사회 전반에 도움이 되는 행동을 하는 것을 조직시민행동(organizatinal citizenship behaviors)이라고 한다.**. 즉 강제사항은 아니지만 조직 구성원들이 '지키면 좋은' 행동 기준이 조직시민행동인 것이다.

　길은 묻는 사람에게 친절하게 가르쳐 준다든지, 무거운 짐을 들고 가는 어르신을 도와주는 행동은 지키지 않아도 법에 저촉이 되지 않지만 시민으로서 해야 하는 바람직한 행동이다. 일반적으로 타인에게 도움이 되는 행동이지만 굳이 나서서 할 필요가 없는 것들이고, 당장 나에게 이익이 눈앞에 나타나지 않는 행동들이다.

　회사조직 내에서는 어떨까?
　누가 보지 않아도 회사의 물품을 아껴서 사용하고, 사무실의 지저분한 환경을 자발적으로 정리하고, 청소나 경비하는 분들에게 친절을 베푸는 행동을 한다.

부서에 일찍 출근해서, 집기를 정리하고 환기를 시키고 화분에 물을 주며 환경을 관리한다. 전날 회식이 있는 경우, 다음 날 아침 숙취해소 음료를 동료들 책상 위에 올려놓는다. 당장 성과가 나지 않는 애매한 일, 인원별로 분배하고 남은 자투리 일들을 먼저 나서서 한다.

여러 가지 일로 바쁜 와중에 지시받지 않은 일, 굳이 내가 꼭 해야 할 필요가 없는 일이지만, 누군가는 해야 할 일들이 반드시 있다. 일과 실적에 관련된 일도 있고, 비품을 신청하고 직원들 경조사를 챙기고 부서 회식, 야유회 등 행사를 준비하는 업무 외적인 일들도 있다.

이러한 일들은 당장 피드백이 오지 않는다. 주변에서 '저 친구는 매번 왜 나서서 자기에게 당장 도움되지 않는 일을 할까?' 하는 의심스러운 시선도 받을 수 있다.

그러나 결국 이러한 행동은 머지않은 미래에 유무형의 보상으로 돌아오게 된다. **당장 번거롭고 힘들 수도 있는 행동이지만, 몸담고 있는 조직을 위해 다른 사람이 하지 않는 행동을 하면 실적 등 정량적인 평가 외에 정성평가에 의해서 그 사람의 평판은 차곡차곡 좋게 쌓이게 된다.**

출처: Pixabay

　주변에 그런 동료가 있다면 일단 '고수'로 인정하고 좋은 점들을 본받도록 하자. 나에게 긍정적인 도움이 될 것이다. 그 직원은 대부분 맡은 일도 제대로 해내고, 직원들의 평판도 좋은 사람들이다.

　직장생활은 100미터 단거리 경주라기보다, 42.195킬로미터를 완주해야 하는 장거리 마라톤 경주가 더 어울린다. 당장 눈앞에 어떤 것이 나에게 이익이 되는 행동인지에 관심을 가지다 보면, 좋은 평판을 유지하기 어렵다. **오늘 한 번 보고 말 사람들이 아니고, 몇 년에서 10년 이상 오랜 기간을 한 울타리에서 같이 생활해야 하는 사람들에게 비치는 나의 대한 평가는 매우 중요하다.**

　중간에 다른 조직 또는 회사로 옮기는 경우에도 나에 대한 평판은 같이 따라가게 된다. 전직하려고 하는 회사에서는 내가 이전 조직에서 어떤 사람이었는지 어떻게 조직생활을 했는지 궁금해할 것이다. 근무하는 조직은 바뀌더라도 평판은 계속 이어나가는 것을 알아야 한다.

처마 밑에 똑똑 떨어지는 작은 물방울이 모여, 어느 순간 물병은 가득 채워진다. **주어진 역할만 충실히 하는 것만으로는 충분하지 않다.** 부서 내, 회사 내에서 또 내가 생활하는 사회 안에서 누군가가 해야 할 일, 바람직한 일, 그 일을 내가 먼저 해보려고 노력해 보자. 어느 순간 내가 생각하는 나보다 훨씬 더 나은 평가를 주위 사람들로부터 듣게 될 것이다.

4

{ 힘들 땐 도움을 청해라 }

- 최선이란 열심히도 하고, 부족한 것은 도움도 청하는 것
- 누구든지 부탁을 하면 응답을 하게 된다
- 아쉬움이 남지 않게 행동하라

직장생활을 30년간 하고 있는 동안에는 잘 느끼지 못하였다. 주위의 동료나 후배 직원이 애로사항을 이야기하거나 작은 부탁을 할 때, 대부분 들어주려고 노력하였다. 하지만, 어떤 경우는 바빠서 잊어버리기도 하고, 꼭 내가 해주지 않아도 된다고 생각하고 무심코 지나버리기도 하였다.

대학교에서 강의하면서 학생들과 여러 소통을 하게 된다. 가장 빈도수가 많은 것은 시험, 과제, 출석과 관련되는 것들이다. 시험결과에 대해 의문점이 있다든지, 제출한 과제에 대한 피드백이 필요하다든지, 결석을 하였는데 정상 참작할 수 있는 사유에 해당하는지 등등이다.

이러한 질문과 요구사항에 대하여 답을 해줄 수 있는 사람은 교수 혼자뿐이다. 내가 답변을 하지 않으면 학생들은 어디에서도 만족한 답을 구할 수 없다. 그래서 나는 학생들이 메일이나 메신저로 질의를 하면, 가급적 당일 안에 답변을 하는 편이다.

50 중반을 넘어가기까지 다양하고 많은 사회 경험을 해보았다. 경험한 것 중 여러 가지 중요한 것들이 있겠지만 한 가지만 꼽으라면 **'우리가 살고 있는 인간사회는 혼자서는 아무것도 제대로 할 수 없다. 서로 도움을 주고받고 협력하고 어울리면서 살아야 한다'**는 것이다.

학창시절까지는 잘 모른다(정해진 내용에 대해서만 배우는 곳이 학교). 사회에 진출하고 직장생활을 하게 되면 예상하지 못한 일들이 수시로 발생하고 여기에 잘 대처해야 성공적으로 사회생활을 할 수 있다는 것을 알게 된다.

초등학교부터 대학교까지 긴 시간 동안 교육을 받고, 회사에 들어가서도 신입·정규 사원 교육을 받지만 막상 현장에 배치되어 온전히 한 사람의 몫을 해내려면 보통 6개월~1년 정도의 시간이 걸린다. 기본적인 업무 내용은 연수기간에 배우지만, 현장에서 일어나는 세세한 내용을 업무 매뉴얼에 전부 담을 수 없고, 천차만별인 고객들의 대응방법은 시간과 경험이 필요하기 때문이다.

업무적으로 잘 모르는 것이 있으면, 먼저 매뉴얼을 찾아보고 그래도 이해가 되지 않으면 직장 선배에게 물어보는 것이 일반적인 순서이다. 일 처리를 어떻게 해야 하는지 몰라서 물어보는 후배나 답변을 하는 선배 직원이나 서로 큰 부담이 없다.

반면, 직장 업무와 직접 연관이 없는 진로나 커리어 패스, 직원과 고객으로부터 발생하는 스트레스, 결혼, 자녀 문제, 부동산 등 다양한 인생 문제에 대해서는 쉽게 물어보거나 부탁하는 것이 쉽지 않다. 그리고 유교문화권인 한국에서 남에게 부탁하여 부담을 주는 것을 꺼려하는 분위기도 있다.

새내기 신입사원을 거쳐 30년간 직장생활을 해본 나의 경험으로는, **내가 힘들고 어려울 때는 주위에서 답을 줄만한 사람을 찾아서 정중하게 예의를 갖추어 물어보는 것이 좋다고 생각한다.** 그리고 동시에 단, 한 번에 그리고 꼭 100% 만족한 답을 얻을 것이라는 기대는 하지 않는 것이 바람직하다.

부탁을 하는 쪽의 입장과 부탁을 받는 입장의 상황을 살펴보자.

내가 스스로 해결할 수 없는 힘든 상황에서 질문을 하고, 부탁을 했는데 상대방이 만족한 답변을 줄 수도, 아니면 마지못해 평범하고 진부한 답변을 할 수도 있다. 그런 경우에도 나는 어려움을 해결하기 위해 행동을 했다는 데에서 위안과 다소간의 안정감을 가질 수 있다.

부탁을 받고 답변 또는 상담을 해주어야 하는 입장에서는, 약간의 부담이 있다. 어찌 되었든 공이 나에게로 넘어왔기 때문에 상대방에게 무엇이 되었든 피드백을 주어야 한다는 부담감이 있는 것이다. 따라서 이 부담감을 없애기 위해서는 내가 가지고 있는 경험을 토대로 가능하면 최선의 피드백을 해주려고 한다. 다소 부족하거나 성의 없는 답변이나 상담을 하게 되면 부담감이 계속 남아 있게 되기 때문이다.

위와 같은 서로 간의 입장 차이 때문에 **해결책이 필요한 경우라면 적당한 사람을 찾아서 부탁을 하고, 답변을 구하는 것이 맞다. 꼭 만족한 답변과 피드백을 받지 못하더라도 나는 필요한 액션을 했기 때문에 상당한 만족을 할 수 있다.**

지난 30년간의 직장생활 동안 몇 번의 위기가 있었고 그때마다 믿을 만한 선배와 동료들에게 상담과 코칭을 받았다. 열에 아홉은 시간을 내어주고 성심성의껏 답변을 해주었다. 그렇다고 해서 매번 내가 만족하는 답변을 얻은 것은 아니지만, 그것을 계기로 계속 직장생활을 무리 없이 이어나갈 수 있었다.

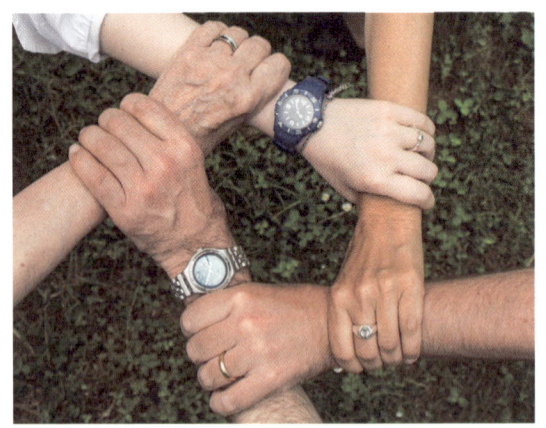

출처: Pixabay

　수년 전 몸담고 있는 은행과 거래하는 대형 교회의 장로님(70세가 넘으신)에게 물어보았다. "대학을 다니고 있는 아들과 소통이 잘 되지 않습니다. 나는 다가가서 필요하고 좋은 이야기를 해주고 싶은데, 아들은 그게 싫은가 봅니다." 하고.

　장로님은 "자녀도 하나의 인격체인데, 내 자식이라고 해서 마음대로 하려고 하면 안 됩니다. 적당한 거리를 유지하고, 가끔 필요한 것이 있는지 물어보고 말을 많이 하지 마세요."라고 조언을 해주셨다.

　이후 몇 달 동안 하고 싶은 이야기를 꾹 참고, 한 달에 한두 번 필요한 것은 없는지 물어만 보았다. 그 시기가 지나니 신기하게 아들이 먼저 다가와서 필요한 것을 이야기하고, 자기의 이야기도 털어놓았다.

신기한 경험이었고, 그때 나의 힘든 상황을 그분께 상담하지 않았다면 아들과의 좋은 관계는 더 늦어졌을 것이라고 생각한다.

한 해, 두 해 지나고 나이가 50 중반을 넘어가고 경험이 쌓이면서 부탁을 하는 경우보다 상담을 요청받는 경우가 더 많아졌다. 어떤 요청을 받든지 가능하면 성심성의껏 답변을 해주려고 노력한다. 그렇게 해야만 부담의 찌꺼기가 나에게 남아 있지 않기 때문이다. 그리고 나서 그 부탁과 상담은 통상 잊어버리게 된다.

내가 해결하기 힘든 상황은 언제든 온다. 이럴 때, 혼자 해결하려고 전전긍긍하지 말고, 주변에 도움을 청해보라. 꼭 만족하는 결과가 오리라는 보장은 없지만 무조건 하는 것이 안 하는 것보다 도움이 된다. 나의 부담이 상대방에게 전가되는 것도 아니다.

최선을 다한다는 것은 열심히도 하고, 부족한 것은 도움을 청하는 것도 포함한다는 것을 알아야 한다. 그리고 좋은 경험을 공유받아서 나의 문제를 해결할 수 있는 계기가 될 수 있다.

5

핵심 세력(inner circle)에 들어가라

- 중요한 일은 같이 경험하고 믿을만한 사람에게만 맡긴다
- 나의 실력을 키우고, 핵심위치에 적극적으로 다가서야 한다
- 같은 노력으로 많은 일을 하려면 inner circle이 유리하다

회사에서 성공하는 사람들의 면면을 보면, ○○○사단, ○○○라인 출신이라는 꼬리표를 쉽게 알 수 있다. 대통령도 그렇고, CEO도 그렇고, 어느 조직이든 주요 보직에는 힘들 때 오랜 기간 일을 같이 한 사람들이 배치되어 있는 공통분모를 확인할 수 있다.

경영학, 조직행동론 이론에 내집단(in-group)과 외집단(out-group)의 용어가 있다. 소수의 믿을만한 조직원을 내집단으로 구성하여 중요한 의사결정에 참여시키고 책임도 그만큼 더 많이 부여하며 중요한 정보도 더 많이 알려준다. 내집단의 조직원들도 직무와 조직에 더 몰입하며 리더와 조직에 더 충성을 하게 된다.

반면 외집단에 속하는 조직원들은 상대적으로 피동적이며 리더와 조직에 적극적으로 충성할 필요를 상대적으로 느끼지 않게 된다. 여기에 속하는 사람도 조직에는 꼭 필요한 존재이지만 딱 일한 만큼의 보상을 기대하게 된다. 그리고 때때로 조직에 대한 소외감도 느낄 수 있다.

* **이너 써클(inner circle): 한 조직 내에서 내부조직을 형성하여 조직의 실질적 권력을 점유하고 절대적인 영향력을 행사하는 소수 핵심층**을 이르는 말이다.

정치권 뉴스를 보다 보면 '**회전문 인사**'라는 달갑지 않은 단어를 종종 듣게 된다. 권력을 잡고 있는 세력에 대해 반대 세력이 행사하는 인사권에 대해 불만을 토로하는 것이다. 대통령 등 **권력자 주변에 있는 인사가 이쪽 자리에서 저쪽 자리로 늘 주변에서 주요 핵심요직을 회전문이 돌아가듯이 차지하는 것을 일컫는 말이다.**

사회 초년생이면서 20, 30대에는 왜 그런지, 꼭 그렇게 해야 하나? 하는 의문이 들었었다. '저 인사보다는 전문성이 있는 사람을 공모해서 넣으면 더 일을 잘할 텐데' 하고. 그런데 사회와 조직경험이 점점 쌓이고 나이가 40, 50을 넘어가니 왜 그런지 상당 부분 이해가 되기 시작하였다.

'인사는 만사다'라는 말이 있다. 사람은 컴퓨터가 아니다. AI(인공지능)는 더더욱 아니다. **어떤 사안에 대해 그 상황에 맞는 모든 정보를 감안**

해서 결정을 내리는 것은 물리적으로 불가능하다. 따라서 결정권자가 직접 경험하고 인정한 사람을 주변에 또한 중요한 자리에 앉힐 수밖에 없는 것이다.

내가 대통령, 회사의 CEO 자리에 있다고 생각해 보자. '한 국가 또는 회사의 중요한 보직에 사람을 써야 하는데, 전문성은 검증이 되는데… 그 사람이 나의 생각과 가치관에 부합하여 나와 같이 국가, 회사를 이끌 수 있을까?' 하고 질문을 해본다.

내가 직접 경험해 보지 않은 사람은 중요한 자리에 쓰기 어려울 것이다. 그래서 한번 쓴 사람을 또 쓰고, 주변의 다른 자리에 앉히는 '회전문 인사'가 일어나는 것으로 이해가 된다.

일반적으로 회사에서 중요 파워를 가지고 있는 부서는 인사, 재무, 전략을 행사하는 부서들이다. 회사의 주요 전략과 사람 배치, 돈을 관리하는 곳이다. 주요 부서이다 보니 구성원들도 일반 부서에 비해 좋은 능력과 태도를 가지고 있는 경우가 많다.

조직 내에서 성공하는 것, 단순하게 보면 남보다 빨리 올라서 승진하고, 연봉을 더 많이 받는 것이다. 그러려면 핵심부서에서 근무하는 것이 훨씬 유리하다. 조직 내의 임원과 CEO는 대부분 핵심부서 출신이기 때문이다.

최고 권력자가 조직의 중요 전략과 인사를 결정하는데, 그 사람 또는 측근의 데이터베이스에 'ㅇㅇㅇ'라는 내 이름이 거기에 있는 것이 중요하다. 그곳에 내 이름이 없다면 주요 부서에 발탁되는 것은 매우 어려운 일이 된다.

주요 부서에 발탁되는 것, 넓게 보아서 최고 권력자 또는 그 집단에 속하는 이너 써클(inner circle)에 들어가는 방법은 무엇일까?

첫째, 무엇보다도 업무에서 탁월한 성과를 보여야 한다. 부여된 일 외에도 더 나은 성과에 창의적인 일 처리를 하면 조직 내에서 먼저 관심을 보이게 된다.

둘째, 대인관계에 있어 좋은 평판과 신뢰를 형성해야 한다. "ㅇㅇㅇ." 그러면 "그 친구 정말 괜찮던데, 도대체 적군이 없어!" 이른 시기에 주요 보직에 발탁이 되더라도 "그럴만해." 할 정도의 평판을 유지해야 한다.

출처: Pixabay

셋째, 주요 부서와 보직에 가기 위해 지속적인 시도와 노력을 하여야 한다. 회사에서 주기적으로 실시하는 'Job Posting'에 참여하고, 거기에 선발되기 위한 합당한 자격도 갖추어야 한다.

추가로 조직 내에 믿고 따를만한 사람이 있다면, 적극적으로 다가가서 어필하고 관계 형성을 하는 것이 좋다. 이 부분이 쉽지는 않지만, 제대로 이루어지면 반은 성공한 것으로 볼 수 있다. 하지만 그런 시도와 만남이 쉽지는 않다. 그 사람이 바쁘기도 하고, 아직은 나와 관계가 전혀 없는 상태이고, 그런 시도는 상당한 용기가 필요하기 때문이다.

나의 경우, 조직 안에서 여러 시도를 해보았지만, 차상위 또는 부서장 정도에서 그쳤던 것이 조금 아쉬움이 남는다. 범위를 더 크고 높게 보고 시도를 해보았으면 하는 후회가 남는다.

조직 밖에서의 성공 사례도 있다. 몇 년 전 고액 자산가들의 자산을 관리하는 PB팀장으로 근무할 때이다. 매일 아침 건물 지하에 있는 헬스장에서 아침 6시에 운동을 하면서 하루를 시작하였다. 매번 그 시간에 보이는 사람이 있었는데, 알고 보니 조 단위의 자산을 관리하는 증권사 마스터 PB였다. 염치 불고하고, 다가가서 인사를 하고 내 소개를 하였다. 그렇게 3년간 매일 아침 6시에 그분과 같은 시간에 헬스장에서 마주쳤다.

그런 인연을 계기로 그분에게서 좋은 사람들을 소개받았고, 인생과 자산관리에 있어서도 많은 조언과 코치를 받을 수 있었다. 내가 먼저 다가가지 않았다면 아무 일도 발생하지 않았을 것이다. 그분과 지금도 좋은 관계를 유지하고 있으며 어려운 일이 있으면 종종 상담을 요청하곤 한다.

이너 써클, ○○○라인, 그 속에 내가 없으면 시기심도 있고 부정적인 이미지가 떠오른다. 그런데 어느 사회, 어떤 조직에 가더라도 핵심 부서, 핵심 라인은 존재한다.

그 자리(inner circle)에 내가 위치할 수 있도록 노력을 해보자. 그리고 거기에 속하게 되면 동일한 노력으로 더 많은 일과 성과 경험, 그리고 성취감과 보람을 느낄 수 있다.

6

건전한 긴장감을 가져라

- 직장에서 일어나는 모든 행동이 중요하다
- 사내 행사에서의 행동, 실적과 성과만큼 중요하다
- 입사할 때의 각오와 긴장감을 기억하라

    1993년 입사시험을 준비하던 때가 생각난다. 그해 6월 말 군대 제대를 앞둔 나는 3월 초에 최전방 철책선을 지키는 소대의 소대장 역할을 수행해야 했다. 철책 너머로 보이는 북한 병사들의 모습, 팽팽한 긴장감이 흐르는 그곳에서 나는 마지막 군 생활 4개월을 보냈다.

    입사원서를 구하고, 면접을 보고 좋은 직장에 들어가는 것이 바람이었지만, 눈앞의 현실은 실탄을 장전하고 밤낮으로 철책선을 지켜야 하는 책임감으로 미래를 생각할 여유가 없었다.

    최전방 철책선에서 입사원서를 구하는 것은 어려운 일이었다. 부득

불 아버지에게 연락을 하여, 금융권 회사 원서를 구해달라고 부탁을 드렸다. 산업증권, 고려증권, 조흥은행 3장의 원서가 도착하였다. 원서를 쓰고 우편으로 보내서, 면접 통보가 오면 하루 당일 일정으로 면접을 보고 부대로 복귀해야 했다.

집안의 장남으로, 처음 사회에 진출하게 되어 책임감과 부담감이 컸었다. 그 당시에는 안정적인 금융권 직장에 꼭 들어가서 좋은 기반을 만들어야겠다는 생각뿐이었다.

결과적으로 세 군데 모두 합격 통보를 받았는데, 산업증권의 면접이 특히 기억에 남는다. 전역 예정 장교를 대상으로 면접을 보았는데, 후방에 있는 동기들은 모두 깔끔한 정장을 입고 왔지만, 나는 전방에서 바로 나와야 했기에 군복을 입고 면접을 보았다.

면접관의 여러 질문 중에, "지방 근무도 가능한가?"에 답변을 "울릉도, 독도 근무도 괜찮습니다."라고 하였다. 정장 일색의 다른 지원자와 다르게 혼자 전투복을 입었고, 다소 공격적인 답변이 인상적이었는지, 최종 합격을 할 수 있었다.

장교로 보낸 3년 여의 시간 뒤, 처음 발을 디딘 은행에서의 생활은 쉽지 않았다. 제일 말단 신입사원이면서, 뭐 하나 제대로 일을 해내지 못했다. 군에서는 간부로서 40여 명을 통솔하는 리더였는데 말이다. 시간이 지나고 여러 경험이 쌓이고 30년의 첫 번째 조직생활을 성공적으로 마칠 수 있었다.

그중 **30년의 조직생활 중 좋은 평가를 받았던 부분 중 하나는 '건전한 긴장감'을 가지고 매사에 바른 행동을 하려고 노력했던 것이다.**

회사의 근무시간은 9 to 6가 아니다.
아침에 회사에 도착하면서부터 퇴근하고 또 회식이 끝나고 동료들과 헤어질 때까지가 근무시간이라고 생각해야 한다. 회사의 건물, 회사의 사람들과 관련이 있는 시간과 상황이면 알게 모르게 나는 평가를 받게 되어 있다.

건물의 청소와 경비를 담당하는 분들에게 따뜻하게 건네는 인사와 말 한마디부터, 일과 꼭 관련이 없더라도 회사의 직원과 관련된 일과 대화, 행동들은 오해가 발생하지 않도록 늘 주의하여야 한다.

회사의 공식행사는 실적보다 더 중요할 수 있다.
봄가을로 하는 야유회, 체육행사는 회사에서 경비를 지원하고 직원들 간의 단합을 위해 실시하는 공식행사이다. 평소에 만나기 힘든 차상위 이상의 책임자들을 한 번에 만날 수 있고, 나를 알릴 수 있는 좋은 기회가 된다.

출처: Pixabay

'왜 이렇게 좋은 계절과 날씨에 직원 행사를 꼭 해야 하나?' 하는 부정적인 생각은 도움이 되지 않는다. **정해진 행사이고 참석을 해야 하는 상황이라면 적극적으로 참여하고 행동하는 것이 바람직하다.**

누가 보지 않더라고 야유회 행사 준비에 적극적으로 참여하고, 체육행사인 경우라면 운동을 잘하지 못하더라도 최선을 다해 땀을 흘리면서 참여한다. 수십 명, 수백 명의 눈이 다 보고 있다. 알게 모르게 평가를 하고 있는 것이다.

부서 회식은 소규모 단위에서 나를 드러낼 수 있는 행사로, 과도한 음주와 부적절한 행동이 발생하지 않도록 주의하여야 한다. **본인만의 임팩트 있는 건배사는 항상 준비하고(매번 같아도 상관없다) 절제된 행동을 보이도록 한다. 회식행사는 돈도 들지 않고, 자연스럽게 나에 대한 좋은 이미지를 쌓을 수 있는 최고의 공식행사인 점을 기억해야**

한다.

프로의식을 가지고, 건전한 긴장감을 유지하자.
최근 인기리에 방영되는 〈최강 야구〉 프로그램에서 김성근 감독은 **"예능이든 뭐든 돈을 받는 자리라면 '프로'이고 제대로 해야 한다."** 라고 이야기하였다. 분명 입사할 때는 '맡겨지는 일은 무엇이든 해낸다'는 각오가 있었지만, 해가 지날수록 그런 각오와 책임감, 긴장감은 옅어지기 마련이다.

돈을, 월급을 받는 이상으로 일을 해내고, 주위의 동료들과 잘 소통하기 위해서는 적절한 긴장감이 필요하다. 스트레스라는 부정적인 이미지보다, 건강하게 일과 사람들과의 관계 유지를 해내겠다는 '건전한 긴장감'의 유지가 필요한 것이다.

여러 사람이 함께 해야만 하는 조직생활,
늘 남들에 의해 평가를 받게 되어 있다. 눈치를 본다기 보다, 좋은 성과와 관계 유지를 잘하기 위해서 자기 자신에 대해 '건전한 긴장감'을 가지고 행동에 주의하는 것이 바람직한 행동이다. 그리고 특히 부서 회식과 공식행사는 많은 사람들에게 나를 좋아 보이게 하기도 또는 나쁜 인상을 줄 수도 있어서 각별히 신경 쓰는 것이 필요하다.

7

{ 가슴이 뛰는 일을 같이 해라 }

- 해야 하는 일만 해서는 미래가 없다
- 하고 싶은 일과 해야 하는 일, 균형을 잘 맞추어라
- 자기 이름으로 된 성과를 만들어라

회사조직에서는 해야만 하는 일들이 있다. 부서에, 각 개인에게 부여된 일의 목표치(보통 전기실적의 120% 이상으로 설정된다)가 있고, 꼭 해내야 하는 할당치(회사가 생존하기 위한 실적)가 있다.

누구나 처음에는 목표보다 더 해내고자 하는 열정과 의욕이 있다. 그러나 시간이 지날수록 열정은 식고 '어떻게 하면 목표치만 잘 해낼 수 있을까?' 하는 생각만 남게 된다.

입사 후 몇 년이 지나면, 매달 받는 월급에 익숙해지게 된다. 죽어라 열심히 해도, 대충 하루하루를 때우는 것 같아도 월급날이 되

면 어김없이 월급계좌에 일정한 돈이 들어오는 것에 익숙해진다.

회사에서 같이 입사한 동기들보다 승진을 더 빨리하고 연봉도 더 많이 받으면 좋겠지만, 꼭 해야만 하는 일들에만 익숙해지는 시기가 발생한다. 주변으로부터 "일 잘한다."라는 칭찬은 못 받지만 그냥 그 자리에서 '한 사람 몫은 하는구나' 하고 인식이 되는 경우가 많아진다.

일과 관련하여 추가로 하고 싶은 일들이 있어야 한다.

해야만 하는 일 외에 자기의 업무와 관련하여 기존의 오래된 프로세스를 수정해 본다. 새로운 도구들을 도입하여 효율을 높이고 그것을 사용하는 고객의 만족을 향상하는 것을 생각하고 실행한다. 그렇게 하다 보면 **자존감과 성취감으로 일에 대한 열정과 조직에 대한 만족감이 높아지게 된다.**

동기부여 이론 중 전통적인 이론 중 하나에 **매슬로의 욕구 5단계설**이 있다. 1단계인 생리적, 기본적 욕구에서 시작하여 2단계 안전, 안정의 욕구, 3단계 사회적, 소속 욕구, 4단계 존경 욕구, 5단계 자아실현 욕구로 구성되어 있다. 다섯 종류의 욕구는 동시에 생기는 것이 아니라 하위 단계의 것이 채워지는 대로 차상위 단계의 욕구가 발동하게 된다.

여기서 5단계 자아실현 욕구(self actualization needs)가 직장조직 내에서 하고 싶은 일, 내 이름과 책임으로 하고 싶은 일이다.

그런데, **인간의 속성이 변화를 싫어한다.** 더구나 기존에 아무 문제 없이 잘 사용하던 제도나 시스템을 바꾸고자 하면, 적응하는 데 시간과 노력이 필요하기 때문에 대부분 거부감을 가진다. 나 또한 30년의 회사생활 중 주기적으로 시스템과 제도가 변경될 때, '이것이 꼭 필요한가?' 하고 거부감을 가졌었다. 물론 내가 싫다고 해도 회사는 변화를 시도하며 흘러가지만.

여기서 한 가지.
해야 하는 일은 일반적으로 생계와 관련이 있어서 동기부여가 크지 않다. 반면 하고 싶은 일은 당장 돈벌이 또는 실적과 연관이 없지만 의도한 대로 달성이 되면 성취감과 만족감이 매우 크다. 이후에 금전적인 성과가 따라오는 것은 별개 문제이지만.

2000년 은행에서 펀드 업무가 처음 도입되었을 때, 펀드상품은 직원들에게도 낯선 상품이었다. 수익은 높지만 원금 손실도 가능한 상품이어서 고객에게도 설명하기 어려운 상품이었다. 은행은 매일 일정금액을 불입하는 적금상품이 익숙한데, 펀드상품을 은행과 같이 엮어보려니 '적립식 펀드'가 대안으로 떠올랐다.

적립식 펀드는 적금식으로 매월 일정금액을 펀드에 넣고, 적정수익이 나면 해지하는 시스템이다. 그런데 문제는 은행적금은 자동이체로 그냥 놔두면 만기에 원금과 이자가 계산되어 계좌에 입금이 되는데, 적립식 펀드는 주식시장의 등락에 따라 평가금액이 변동되어 언제 해지를 해야 할지, 시점을 잡기가 어려운 문제가 발생한다.

 나는 은행의 전산시스템을 이용하여, 목돈을 만들 목표금액과 목표 수익률을 정하고 정기적으로 소액을 적립하면, 매일 전산시스템에서 목표 달성 여부를 판단하여 자동해지 하게 하면 좋겠다는 생각을 하였다. 그리고 이것은 일반 펀드 가입자에게 계좌 관리의 편리성을 줄 수 있겠다는 확신이 들었다.

 다음부터는 조직 내부를 설득해야 했다. 전산시스템을 개발하려면 인력과 예산이 추가되고, 프로세스도 바꿔야 한다. 문제는 아무도 이러한 변화를 좋아하지 않는다는 것이다. 쉽지는 않았지만 평소에 열정과 성실함을 보여주었기에 상사와 부서장을 설득하고 관련되는 부서(전산, 예산부서 등)를 설득할 수 있었다.

출처: Pixabay

그렇게 1년여가 지나서 '목표 달성형 펀드 운용시스템'을 개발하고 특허등록을 하였다. 이후 추가로 2개의 펀드 관련 특허를 등록하여 펀드상품 가입자의 편의성을 제고할 수 있었다. 이러한 과정과 일을 하면서 그리고 석사, 박사 학위를 취득하면서 나는 해당 분야의 전문가로 거듭날 수 있었다.

하고 싶은 일, 특히 업무와 관련하여 하고 싶은 일이 있어야 한다. 당장 없으면 고민하고 발굴해 보는 것이 좋다. 해야만 하는 일만 가지고는 개인의 발전도 조직의 발전도 쉽지 않다.

그렇다고 해서, 해야 하는 일은 팽개치고, 자기가 중요하다고 생각하는 일만 하면 어떻게 될까? 내가 해야 하는 일의 몫은 다른 동료가 해야 하고, 내가 중요하다고 생각해서 추진하는 일은 아무도 도와주지 않을 것이다. 따라서 **해야 하는 일과 하고 싶은 일의 균형감 있는 추진이 꼭 필요하다.**

해야 하는 일을 제대로 해내고 좋은 성과를 거두어야, 내가 하고 싶은 일을 할 때 지지를 받고, 해낼 수 있기 때문이다.

내가 중요하고 필요하다고 판단해서 하고 싶은 일(고객을 위해서, 조직을 위해서)**을 할 때, 자기 이름을 걸고 해보자. 성공하든, 실패하든 오롯이 자기의 책임으로 진행하는 거다. 그러면 하고 싶은 일뿐만 아니라 해야 하는 일을 할 때에도 가슴이 설레게 된다.**

8

지금 시작해라

- 완벽한 타이밍은 절대 오지 않는다
- 결정과 행동이 최선인지, 결과가 나올 때까지 알 수 없다
- 지금 시작하고, 최선을 다하는 것이 사람의 몫이다

'**복권에 당첨되려면** 어떻게 해야 하지?' 꿈에 조상님이 나온다든지, 왠지 좋은 기운이 느껴진다든지, 운이 억세게 좋아야 한다든지… 그러나 최우선 전제조건은 **먼저 복권을 구매해야 한다**는 것이다. **아무리 좋은 운이 나에게 오더라도, 복권을 사지 않으면 복권에 당첨될 확률은 제로이다.**

취업을 준비하는 대학생들의 첫째 목표는 좋은 회사에 취업하는 것이다. 젊은 청년 세대들은 훌륭한 배우자를 만나고 싶고, 가능하면 많은 돈을 벌고 싶어 한다.

남부럽지 않은 회사에 취업하려면 많은 준비가 필요하지만 원서를 넣고 면접도 보아야 한다(학생들에게 면접의 중요성을 이야기하고, 사전에 철저한 준비와 연습을 권하고 있다). 결혼을 하기 위해서는 나의 여러 조건에 부합하는 상대방을 만나기 위한 시도를 하여야 한다.

부자가 되기 위해서는 많은 노력과 경제활동이 필수적이다. 팩트는 **'시도하지 않으면 아무것도 얻을 수 없다. 즉 아무 일도 일어나지 않는다'**이다.

시작을 해야 하는데, 그럼 **언제 시작하는 것이 좋을까? 답은 '바로 지금'**이다.

'어떤 공부를 하는 것이, 어떤 배우자를 만나는 것이, 어떤 분야에 투자하는 것이 좋을까?' 정말 고민스러운 일이다. 가능하면 시행착오가 없고, 처음에 예상하고 결정한 대로 과정도 순탄하고 결과도 예측한 대로 나오면 좋을 것 같다.

하지만 **어떤 경우든, 의사결정은 어떤 행동이 있기 전에 미리 앞서서 하는 것이므로 실행으로 옮길 때쯤이면 상황이 바뀌고 결과가 다르게 나타나는 것이 일반적이다.**

따라서 좋은 의사결정이 항상 좋은 결과를 가져오는 것은 아니다. 그렇다고 해서 의사결정을 내키는 대로 할 수도 없는 것이다.

지금 내가 할 수 있는 것은, 현재까지 내가 아는 것과 믿을만한 사람들의 조언, 주위에서 구할 수 있는 모든 정보를 바탕으로 최선의 의사결정을 하는 것이다. 결과가 예상대로 꼭 나오지 않는 것은 알지만 현재의 상황에서 모든 것을 종합하여 최선의 선택, 의사결정을 해야만 한다. 그래야 결과가 나온다.

예상대로의 결과가 나오면, 다음번에도 그전의 의사결정 상황을 참조한다. 예상치와 많은 차이의 결과가 나오면 왜 그런 결과가 나왔는지 원인분석을 해보고 다음번에는 의사결정 시 다른 경로나 접근방법을 택하여 시도해 본다.

무엇보다 중요한 것은 시도하는 것이다. 미래의 결과가 부담이 되어서 시작을 하지 않으면 아무런 결과도 따라오지 않는 것을 명심하여야 한다.

투자의 귀재로 불리는 워런 버핏도 모든 투자를 성공적으로 이끈 것은 아니다. 현재 그가 회장으로 있는 '버크셔 해서웨이'는 처음에는 방직회사로 워런 버핏이 투자하였지만 실패하였다. 공장 가동을 멈추고 투자회사로 전환하였다. 그가 거기에서 투자를 멈추었다면, 지금의 명성은 없었을 것이다.

출처: Pixabay

시작하는 데 있어서 전략이 필요하다. 처음부터 가진 재능, 자원을 한곳에 100% 전력투구하는 것은 바람직하지 않다. 경제와 사회상황이 어떻게 바뀔지, 또한 예상치 못한 이벤트가 크게 나타나는 경우 회복하기 힘든 사태가 발생할 수 있다.

따라서 현재까지의 상황인식과 경험을 바탕으로 지금 시작하는 데, 처음엔 10%, 다음엔 30%, 또 50% 식으로 비중을 점차 확대해서 접근하는 것이 좋다.

과정에 집중하고 결과에 연연하지 말아야 한다. 내가 할 수 있는 건, 지금 그리고 오늘의 과정에 최선을 다하는 것이다. 그런 하루하루가 쌓여 과정이 진전되고 결과가 나온다.

내가 죽도록 최선을 다한다고 해도 예상하지 못하는 나쁜 결과가 나올 수도 있다는 것을 인정해야 한다. 따라서 과정의 최선은 나의 몫, 결과는 나의 몫이 아니고 내가 전적으로 확정 지을 수 없다는 것을 인정한다.

일상생활에서, 회사의 일에서, 진짜 하고 싶은 목표를 이루기 위해 열심히 노력하는 데 있어서 내가 할 수 있는 것, 내가 컨트롤할 수 있는 것에 전념한다. 따라오는 미래를 계속 생각하지 않으면 스트레스가 쌓이지 않고 건강한 정신상태를 잘 유지할 수 있다.

하고 싶은 것이 무엇이든, 지금 시작해 보자. 그리고 과정에 최선을 다한다. 나중에 따라오는 결과는 내가 전적으로 컨트롤할 수 없는 것을 인정하면서.

9

나를 잘 가꾸어라

- 단정한 용모와 옷차림, 보이지 않는 경쟁력이다
- 나를 잘 나타내는 단어를 만들고 유지, 관리하자

나는 누구인가? 하준삼 이름 석 자만 가지고 나를 표현할 수 있을까? 내가 이루어 낸 성과, 내가 겪었던 경험, 내가 알고 있는 사람들과 관계들이 모인 여러 조합의 구성이 나를 나타낼 수 있을 것이다.

내가 생각하는 나, 세상 사람들이 평가하고 판단하는 나는 분명 차이가 있고, 평가점수도 다르다.

직장조직 내에서 사람을 평가하는 방법은 크게 2가지이다. 객관적 평가와 주관적 평가. 객관적 평가는 주로 목표 대비 결과에 따른 실적과 성과, 즉 숫자에 의해서 이루어진다. 주관적 평가는 그 사람의 인품과 성격, 대인관계 등에 의해서 만들어진다. 거기에다 외모와 스타일도 포함된다.

 직장 상사가 승진 시기에 여러 명의 승진 대상자 중 최종 두 사람의 객관적인 평가, 즉 실적점수가 동일하다면, 어떤 잣대로 대상자를 낙점할까? 평가하는 사람의 입장에서 생각해 보자.

 평소에 출근도 빨리하고, 옷차림도 단정하고, 인사성도 바르고, 직장 동료들과 소통도 원활한 사람이 있다. 반면, '회사에 정시에 출근하면 되지, 옷차림과 스타일이 중요해? 주위 사람이 뭐라 하건, 내 일만 열심히 목표만 초과 달성하면 되는 거 아냐?' 상반된 스타일의 두 사람 중 한 사람을 승진 대상자로 낙점한다면 당신을 누구를 택할까? 당연히 전자일 것이다.

 모든 일에는 원인과 결과가 있다. 박사 학위 취득 기념으로 직장 동료들이 벵갈고무나무 화분을 선물해 주었다. 잎도 크고 건강하게 자라서 좋았는데, 잎이 하나둘씩 떨어지더니 나뭇가지만 남게 되었다.

 아는 화원에 다른 식물을 심어볼까, 하고 방문했는데, 화원 사장님의 평가는 물을 제대로 안 주었다는 것이다. 아닌데? 주기적으로 물을 주었는데, 하고 이야기하였다. 화원 사장은 나무를 화분에서 뽑아서 뿌리를 보여주었다. 화분 위쪽만 물이 있고, 중요한 아래의 뿌리에는 물이 가지 않아서 말라 있었다.

원인을 파악하고 이후에는 뿌리 아래까지 듬뿍 물을 주었다. 잎사귀가 하나도 없이 앙상해졌던 그 벵갈고무나무는 몇 년째 싱싱하고 무성한 잎사귀로 거실을 차지하고 있다.

다른 사람들에게 나를 좋게 보이는 것, 초과 달성하는 성과만큼 중요한 부분이다. 물론 나의 본성은 그렇지 않은데, 남들에게 가식적으로 보일 때만 좋게 보이는 것은 해당되지 않는다.

나를 잘 가꾸어서 조직 내 사람들과 잘 지내고 좋은 평판을 유지하는 방법은!

첫째, 단정한 용모와 옷차림을 한다.
배우 정우성처럼 타고난 신체조건과 외모를 따라가는 것은 불가능한 일이다. **나의 체형과 얼굴에 어울리는 옷차림, 머리 스타일, 과하지 않은 화장으로 '호감'을 줄 수 있도록 노력한다.**

나의 본가에서 키우는 반려견 '보리'의 애견 미용 전과 후의 사진을 보니 사람도 어떻게 가꾸느냐에 따라 인상과 호감이 많이 달라지겠구나, 하는 생각을 다시 해보게 되었다.

(반려견 '보리'의 애견 미용 전후 모습)

나는 출근이나 외출할 때, 아내가 나의 스타일에 맞게 상의와 하의를 꺼내놓는다. 신는 신발까지 구성을 맞추어야 한다. 미술을 전공한 아내가 나의 지정 스타일리스트이다. 그 덕분으로 어디에 가도 옷을 잘 입는다는 이야기를 듣는다. 감사한 일이다.

둘째, 본인만의 성격, 스타일을 정하고 관리한다.

사람마다의 품성이 다르고, 사람을 대하는 자세도 다르다. 그러나 내가 아닌 주변의 다른 사람들이 선호하는 성격과 스타일은 공통되는 점이 있다. 사람들의 이야기를 경청하고, 자기의 의견을 시의적절하게 전달하고, 따뜻하게 동료와 부하직원을 코칭하고 이끄는 것이다.

사람들이 선호하는 스타일대로 100% 나를 만들고 유지하는 것은 쉽지 않은 일이다. 바른 성품을 유지하려고 노력하면서, 나를 잘 표현할 수 있는 단어를 정하고 이를 잘 관리하는 것이 하나의 방법이다.

나의 경우 다소 딱딱해 보이는 외모와는 다르게 친근하고 자상한 성품이 있는데, 이를 '따뜻한 카리스마'라는 단어로 정하고 나의 스타일을 관리하고 있다.

바른 생활 사나이, 예측 가능한 행동, 남들을 먼저 배려하는 스타일 등이 녹아 있는 '따뜻한 카리스마'가 현재의 나를 표현하고 유지하는 것이다.

남들로부터 나를 잘 표현하고, 평가를 잘 받는 방법.
평소에 나를 잘 컨트롤하고 관리해야 가능한 일이다.
집에서 키우는 화초처럼 나를 잘 가꾸어 보자.

10

{ 나만의 멘토(mentor)를 가져라 }

- 힘들 때 조언을 구할 대상이 꼭 필요하다
- 멘토는 분야별, 연령 상관없이 다양하게 있는 것이 좋다
- 멘토가 될 수 있도록, 모범적인 삶을 살기 위해 노력하자

인생은 100미터 단거리 경주가 아니다. 42.195킬로미터의 마라톤 경주가 잘 어울리는 장거리 레이스이다. 초반에는 거침없이 내달려도 힘든 것이 하나도 없지만, 힘들게 반환점을 돌아서면 가야 할 거리가 반이나 남아 있다. 그런데 체력도 정신력도 전반전만큼 충분하지 않다. 직장생활도 마찬가지이다.

나는 이때까지 총 네 번의 마라톤을 뛰어보았다. 현재까지 20년 이상 일주일에 서너 번 꾸준히 헬스장에서 운동을 해오고 있는데, 마라톤을 한번 해보라는 동료의 권유로 30킬로미터 구간을 뛰어봤다. 세 시간 풍선을 달고 있는 페이스 메이커 뒤를 따라서 뛰어본

인생 첫 번째 마라톤에서 정확하게 세 시간에 들어올 수 있었다.

자신만만하게 도전한 풀코스는 다섯 시간이 훌쩍 넘어서, 하프는 쉽겠지, 하고 도전했는데, 만만하지 않았다. 10킬로미터 건강 마라톤에 참가했는데, 너무 힘들지도 않고, 즐길 수 있는 거리여서 좋았다.

100세 시대에서 반환점을 돌아선 50대 중반이 되었다. 인생의 초반은 어떻게 지나왔는지 잘 기억이 나지도 않고, 인생이 무언가 조직생활을 어떻게 하면 잘해볼까? 하고 30, 40대를 보냈다. 최선의 노력을 한다고 했지만 아쉬움이 남는 마지막 조직생활을 대과 없이 마무리했지만, 이제 반환점을 겨우 돌았을 뿐이다.

돌아보면, 힘든 고비마다 하소연도 하고, 어떻게 하면 좋을지 조언을 구했던 사람이 있다. 바로 멘토(mentor)들이다.

멘토(mentor)는 호머의 《오디세이》에 나오는 인물로서 BC 1200년경 오디세우스가 트로이 전쟁 때문에 떠날 때 자신의 아들(텔리마커스)을 잘 가르쳐서 왕국을 보전하게 해달라고 자신의 친구(Mentor)에게 아들 교육을 부탁한 데서 유래되었다. 오늘날 멘토의 의미는 교사, 충고자, 조언자, 상담자로 통한다.

꼭 필요하지만, 한정된 시간과 제약된 상황들 때문에 적시에 나에게 맞는 멘토를 만나기도 어렵고, 필요한 조언을 받는 것도 쉽지 않은 일이다. 내가 경험한 멘토와 활용 방법이다.

첫째, 책에 나오는 간접경험으로 나에게 부족하거나 필요한 역량을 쌓아본다.

인생의 실패와 성공을 담은 인생 책들이 많이 있다. 과거에 뛰어난 성과를 거둔 위인이나 기업가 또는 유명 인사들이 쓴 책을 평소에 읽어본다. 나도 책을 몇 권 썼지만, 책을 만들 때는 그 사람의 직접경험을 잘 정리하여 표현하게 되어 있다.

장점은 만나기 어려운 유명 인사들의 경험이 정제된 글을 내가 편하게 언제든지 읽어볼 수 있다는 것이다. 그것도 아주 저렴한 가격으로(대부분 3만 원 미만이다). 단점은 내가 당장 힘든데, 꼭 필요한 조언을 바로 적용하기 어렵다는 점이다.

둘째, 나의 부모님, 혈육에서 본보기를 찾아 적용한다.

영화 〈친구〉에서 "너거 아버지 뭐 하시노?(너의 아버지는 어떤 직업을 가지고 있니?)"라는 대사가 나온다. 지금의 너를 보면 부모가 어떤 사람인지 연상이 된다는 의미일 것이다. 20, 30대 젊은 시절에는 잘 다가오지 않던 이 대사가, 40, 50대가 넘어가면서부터는 우리가 살고 있는 인생사의 단면을 잘 이해할 수 있는 명대사로 인식이 되었다.

나의 성격과 인생을 대하는 자세, 상당 부분은 부지불식간에 아버지, 어머니가 치열하게 살았던 인생을 보면서 몸에 배었을 것이다. 또 어느새 20대 중반이 넘은 두 자식의 성품, 그리고 삶의 스타일도 내 맘에 꼭 들지 않아도 나와 집사람의 스타일이 녹아 있을 것이다.

내가 아버지의 바르고 성실한 삶의 자세, 어머니의 끝없는 사랑과 헌신을 멘토로 보고 배웠듯이, 나도 나의 두 자녀에게 좋은 멘토로 본보기가 될 수 있도록 바르고 부지런하게 살아야 하겠다는 다짐을 해본다.

셋째, 멘토는 나이와 분야 등 제한을 두지 말아야 한다. 그리고 내가 먼저 다가서고 접근해야 한다.

2014년, 중요한 결정을 하려고 하였다. 20년 가까이 한 조직생활, 열심히 노력했다고 생각했지만 내가 생각한 만큼 인정받지 못해서, 다른 길을 알아봐야 하나 고민하던 시기였다. 집사람에게도 "올해가 직장에서 근무하는 마지막 해일 거야." 하고 이야기하였다. 평소에 존경하던 5년 선배의 조언을 들어보자는 마음으로 그해 6월 캄보디아 비행기에 몸을 실었다.

출처: Pixabay

연수원 선배인데 일도 잘하고, 대인관계는 더 뛰어나서 소위 항상 잘 나가는 선배였다. 조직생활의 좋은 멘토로 생각하는 선배님을 만나서 이야기를 듣고 싶었다.

당시 캄보디아 법인장으로 근무하고 있어 인생 상담을 위해서 혼자서 비행기에 몸을 실었다. '조금 더 기다려 보자. 열심히 생활하는 거 내가 잘 아는데, 다른 사람들이 아는 데 시간이 필요한 것뿐이야. 그리고 지금 다른 곳으로 옮긴다면 득보다 실이 더 많을 것 같아'

큰 기대도 하지 않았고, '이왕 그만둘 거 아쉽지 않게 멘토의 이야기나 들어보자' 하고 캄보디아로 갔는데, 진심 어린 조언과 따뜻한 환대에 '앞으로 어찌 되든지 잘 왔다' 하는 생각이 들었다.

캄보디아를 갔다 온 지 한 달 뒤 나는 본점 팀장으로 승진하고 나의 역량을 발휘할 수 있는 기회를 가질 수 있었다. 지금도 그 선배님과 나는 서로를 응원해 주는 좋은 관계를 이어가고 있다.

내가 어렵고 힘들 때, 기대고 직접 조언을 구할 수 있는 멘토는 정해져 있지 않다. 평소에 본받고 그렇게 되고 싶은 사람들과 유기적으로 좋은 관계를 유지하는 것이 좋다. 그리고 **필요할 때, 망설이지 말고 조언을 구해본다. 결과가 어떻든 조언과 도움을 청하는 나는 아쉬움이 없을 테고, 대응을 하는 상대방 멘토는 성심껏 좋은 답변을 줄 것이다.** 그뿐이다.

서로 책임을 요청하고 부담을 하는 그런 관계는 좋지 않다. 서로의 위치에서 자기가 할 수 있는 역할을 하고, 그리고 아쉬움을 남기지 않는 최선의 행동을 하는 것이 중요하다.

2부

실패하는 10가지 행동

1

{ 아쉬움을
남겨라 }

⋮

– 할까, 말까 고민될 때 그냥 하는 것이 좋다
– 직장 내 인간관계, 그때그때 풀어주고 쌓아두지 않는다
– 아쉬움을 남기지 않으면 실패확률도 줄어든다

돌이켜 보면 30년 직장생활이 눈 깜짝할 사이에 지나간 것 같다. 신입사원 시절에는 어떻게 일을 하는 것이 잘하는 것이고, 어떻게 해야 남들보다 더 인정받을 수 있는지 고민이 많았다. 동료, 선배들은 눈코 뜰 새 없이 일하는데 하나부터 열까지 다 가르쳐 달라고 할 수도 없는 노릇이었다.

선배들이 어떻게 일하는지 눈여겨봤다 따라 해보고, 정말 모르겠다 싶으면 질문을 하곤 했다. 그렇게 2~3년 직장생활을 하다 보니 자신감도 생기고 요령도 생기게 되었다. 중요한 일과 조금 신경을 덜 써도 되는 일을 구분할 수 있게 된 것이다.

직장생활에서 중요한 2가지는 일과 대인관계이다. 일은 잘하는데 대인관계는 젬병인 사람이 있고, 일은 그저 그런데 다른 사람과 어울리는 것만 좋아하는 사람도 있다.

'무덤까지 가더라도 항상 할 일은 다 못 한다'는 말처럼 죽어라 일을 해도, 다음 날이면 또 많은 일들이 기다리고 있는 것이 현실이다. 주어진 일에 전력을 다하다 보면 에너지가 고갈되고 할 일도 제대로 못 하는 일이 발생한다.

그래서 일의 경중을 따져 중요한 일은 전력투구하고 중요도가 조금 떨어지는 일은 상대적으로 노력을 덜 들이는 것이 하나의 요령이다.

후배들에게도, 성인이 된 자녀들에게도 나는 이렇게 이야기한다. 매사에 전력투구하면 오래 지속하기 어렵고 일을 다 해내기도 어려우니, **일의 경중과 시급함 등을 알아보고 '강 약약, 강 약약'의 템포로 접근하라**고 말한다.

일을 하다 보면 '그레이 존(회색지대, gray zone)'이 가끔씩 발생한다. 일을 해도 표가 나지 않고 그대로 두자니 찜찜한 일들이다. 몸이 힘들 때는 "이 정도는, 이 일은 하지 않아도 괜찮겠지." 하고 넘기는 것이다. 아무 일 없이 넘어가기도 하는데, 나쁜 결과와 후회를 남기는 경우도 일어난다.

회색지대의 일을 하지 않아서 발생할 수 있는 최악의 결과를 예상해 보곤 하는데, 나쁜 예감이나 부정적 상상이 현실이 되는 경우를 종종 경험하게 된다.

이 같은 상황이 닥쳤을 때는 **할까 말까 고민하지 말고 그냥 하는 것이 더 좋은 결과를 가져온다. 몸이 더 힘들 수는 있어도 남아 있는 일의 찌꺼기가 없어서 좋다. 마음 한편에 찜찜함과 아쉬움이 남지 않아서 좋다. 그래서 결과적으로 다음 일을 깔끔하고 힘차게 시작할 수 있어서 좋다.**

직장생활 30년 동안 여러 성공과 실패를 경험했다. 몇 년 만에 오는 기회, 10년에 한 번 올까 말까 하는 기회도 있었다. 신입사원 시기에는 잘 모르지만 10년 이상 연차가 되면 어떤 일이 좋은 찬스인지 느낄 수 있게 된다. 간혹 운이 좋아 적당한 노력으로 좋은 결과가 나오기도 하지만, 그렇지 않은 경우가 더 많다.

출처: Pixabay

2015년경 퇴직연금 부서의 마케팅 팀장으로 주요 대기업의 퇴직연금 유치를 책임지고 있었다. 그리고 이것이 나의 역량을 발휘하고 승진에도 좋은 기회임을 직감했다. 주어진 일만 충실히 한다면 인정도 받고 승진도 할 수 있겠다고 생각했다. 전국 지점을 돌며 실적 유치에 힘썼고 야근도 밥 먹듯이 했다. 최종 유치 결과도 나쁘지 않았다. 하지만 승진과 인정은 상급자들의 몫으로 넘어가 버렸다.

당시에는 크게 상심했지만 돌이켜 보면 정말 최선을 다했는지, 부족한 점이 없었는지 두고두고 아쉬움이 남는다. 조금 더 노력했어야 했는데, 조금 더 내 역할에 충실했었어야 했는데…

일뿐만 아니라 직장 내 인간관계도 마찬가지이다. 작은 오해가 생기고 그로 인해 관계가 멀어지기도 한다. 특히 상사와의 나쁜 관계는 치명적인 문제가 될 수 있다. **작은 오해는 그때그때 풀어주는 게 좋다. "이 정도는 괜찮겠지, 이해해 줄 거야."라고 생각하면 오산이다.**

입장을 바꿔 내가 그 사람이라면, 100% 상대방의 입장을 이해할 수 있을까? 내가 처한 상황, 내가 당장 처리할 일이 상대방에게는 가장 중요한 일이 아닐 수 있기 때문에 나의 입장이나 감정은 상대적으로 관심이 적어진다.

사람과의 관계에서 무엇인가 찜찜한 느낌이 든다면 지체하지 말고 바로 풀려는 노력이 필요하다. 사람은 일에서 발생하는 문제보다, 사

람과의 사이에서 발생하는 문제에 더 비중을 두고 판단과 결정을 하기 때문이다. 일은 100점으로 잘했는데, 상사와 큰 트러블이 생긴 상태라면 임박한 고과에서 좋은 성적을 받기는 어렵다.

또 중요한 기회가 주어졌을 때 '이 일을 해야 하나, 말아야 하나' 고민하지 말고 그냥 하는 것이 좋다. 30년 동안 누적된 경험이다. 아쉬움이 남을만한 일을 줄이다 보면 실패할 확률도 줄어든다. 그러는 동안 나는 조직 안에서 무언가를 계속 해내는 사람으로 인정받게 된다. 실패할 확률은 줄어들고 성공할 확률은 늘어나게 되는 것이다.

모두들 최선을 다하라고 한다. 어떤 것이 최선일까? 일을 할 때 아쉬움이 남지 않도록 결정하고 실행하는 것이다. 지금부터 하는 일에서 찜찜함, 아쉬움이 남지 않도록 결정하고 일해보자. 직장생활을 마칠 때쯤 아쉬움의 크기는 많이 줄어 있을 것이다.

2

권력에 맞서라

- 너를 잘되게는 못해도, 못되게는 할 수 있다
- 기존의 룰, 제도는 수많은 시행착오를 거친 것들이 대부분이다
- 월급을 받으면서 경영수업을 해보자

요람에서 무덤까지, 사람은 사회라는 조직 속에서 살아간다. 혼자서 할 수 있는 것은 거의 없다고 보면 된다. TV 프로그램 중 〈나는 자연인이다〉라는 프로를 재미있게 본다. 50대 이후, 아줌마, 아저씨들에게 인기가 있다고 한다.

생계를 위해서, 가족 부양을 위해서 싫어도, 힘들어도 사회생활을 했다. 몸도 마음도 지쳐서 이제는 산, 바다, 섬 등 오지에서 혼자 자기만의 생활을 하는 거다. 누가 뭐라고 하는 사람도 없고, 주변의 눈치도 볼 필요가 없다. 몸이 힘들지만, 마음은 정말 편해 보인다.

그런데, 혼자 살면서 텃밭을 이용하고 최소한의 생활을 유지한다고 하더라도 쌀, 라면, 옷, 기타 생필품은 때때로 시장에 가서 구매해야 한다. 로빈슨 크루소처럼 아무것도 없는 곳에서 생활하는 것이 아니다. 사회에서 떨어져 살지만 여전히 사회와 연결되어 있는 것이다.

어떤 조직이든 개인들이 모여서 그 조직을 만든다. 몇만 명의 대기업 회사도 처음에는 창업주와 몇 명의 사람들에 의해 시작되었다. 성공과 실패를 거듭하면서 현재의 삼성, 애플이 존재하고 있는 것이다. 조직이 커지면서 권력이 생긴다. 권력이란 한 개인(집단)이 다른 개인(집단)을 움직일 수 있는 능력을 말한다. **권력은 상대방의 의지와 무관하게 나의 의지를 상대방에게 관철시킬 수 있는 능력이다.**

공식적 권력은 조직 안에서 주어지는 지위(position)에 있다. 다음과 같이 크게 3가지로 나누어진다.

보상적 권력(reward power)은 상대방에게 경제적, 정신적 보상을 해줄 때 생기는 권력이다. 상대방이 그 보상을 원하고 있다는 전제하에서만 가능하다. 상대방에게 이익이 되는 것을 주면 상대는 그 이익을 바라고 순응한다.

경제적 보상이란 임금인상, 보너스 등이 되며, 정신적 보상이란 승진 지원, 직무성과의 인정과 칭찬, 인기 직무의 배정 등을 말한다. 이와 같이 상대방에게 도움과 이익을 줄 수 있는 권한, 능력을 가지고 행사하는 것으로 상대방을 자기 의지대로 움직일 수 있는 것이다.

강제적 권력(coercive power)은 무력이나 위협, 감봉 해고와 같은 부정적 보상으로, 이것들을 피하려고 하는 사람들에게 행사하는 권력이다. 물리적 압력 말고도 정신적인 압박을 피하려는 상대에게 이를 추가하거나 제거해 주는 것도 포함이 된다.

꼰대 상사는 예나 지금이나 존재한다. "내가 너를 잘나가게 하기는 힘들어도, 너를 못나가게 하는 것은 언제든지 가능하다."라고 이야기하는 상사들이 있다(필자도 30년 직장생활 동안 몇 명을 경험해 보았다). 부하직원을 미래의 경영자나 훌륭한 직장인으로 키우려고 하면 모범도 보여야 하고, 코칭도 하고, 주위에 좋은 직원이라는 것도 알려야 하는데 쉽지 않은 일이다.

그런데 그 직원을 나쁜 직원으로 만드는 것은 상사가 마음만 먹으면 할 수 있다. 인사고과를 나쁘게 주고, 주위의 평판을 형편없게 이야기하고, 부서에서도 칭찬보다 질책을 많이 하면 되는 것이다.

지금은 시대도 많이 변하고, 이런 상사는 많이 없어졌다. 그럼에도 불구하고 혹시 이런 상사를 만나게 되면, 최소한 그 상사의 눈에 나쁜 평가를 받지 않도록 주의하고 조심하는 것이 상책이다.

합법적 권력(legitimate power)은 서로의 약속에 따라 일정한 권력을 주도록 했을 때 그는 약속된 법과 제도에 의해 권력을 가진다. 이러한 합법적 권력을 '권한(authority)'이라고 한다. 회사의 조직도 상단에 위치할수록 합법적 권한이 크다. 합법적 권력은 공동체가 약속한 것이라서 대부분 무조건 따라야 한다고 믿는 경향이 있다.

국회의원, 대통령 선거에서 선거에 의해 표로 **권력을 주는 것은 국민이지만 부여된 기간 동안 권한, 권력을 행사하는 것은 국회의원, 대통령이다. 우리가 생각하는 것보다 훨씬 많은 권한을 가지고 권력을 행사하게 된다.**

조직이 유기적으로 목표를 효과적으로 이루기 위해서, 룰(규정, 제도 등)을 정하고 체계적으로 계층을 만들고 권한을 부여하는데, 여기서 권력이 발생한다. 누구든지 처음에 조직에 들어오는 새내기 조직원은 기존에 경험하지 못한 룰과 권력 행사에, 적응하는 데 어려움을 겪는다. 그리고 이전의 자기 경험과 생각만을 가지고 조직에 이미 형성된 틀을 바꾸려고 하거나 권력에 맞서는 경우가 발생하게 된다.

나 또한 대학교를 졸업하고 3년의 군 생활 동안 소대장으로서 조직생활 경험이 회사생활에 큰 도움이 될 것이라고 생각했다. 그러나 대기업인 은행에서 시작하는 조직생활은 '왜 저렇게 하지? 나라면 이렇게 할 텐데, 도무지 이해가 안 가네' 하는 의문점들이 생겼다. 이를 숙고하는 시간 없이 직장 선배나 상사에게 바로 의견을 전달하면서 트러블이 발생하는 것이 반복되곤 하였다. 30년이 지나 지금 생각해 보면 어리숙하고 미숙한 새내기 직원이 보인다.

기존의 형식, 제도, 관행은 틀릴 수도 있지만 대부분 먼저 경험한 사람들의 시행착오와 이를 개선하려고 하는 행동에서 나온 것들이 대부분이다. 나의 생각과 경험에 비추어 맞지 않고, 개선할 사항이라고 생각이 되면, 전후 상황과 다른 사람의 생각도 확인해 보고, 정상적인 절차 또는 격식을 갖추어 의견을 개진하는 것이 바람직하다.

조직에서 부여된 권한에 따른 권력은 조직원의 동의에 의해 부여되고 또 행사된다. 문제가 있다고 해서 이를 정면에서 또 바로 항의하는 것은 바람직하지도 않고, 나에게 도움이 되지 않는다. 먼저 조직의 구성과 구조를 잘 이해해야 한다.

왜 문제가 발생하고 있는지, 나의 경험과 생각이 짧거나 부족하지는 않은지 생각해 보고, 다른 사람들의 의견도 청취해 본 뒤에 의견을 개진하고 전달해도 늦지 않다. 전달하는 방법도 절차, 형식을 따르고 세련되게 하는 것이 필요하다. 물론 여기에 경험이 필요하다.

월급을 받으면서 경영수업을 해보자.
기존의 조직과 권력이 싫으면 나만의 회사와 조직을 만들어 보는 것은 어떨까? 요즘 MZ세대들은 직장에 오래 다니는 것을 선호하지 않는 것 같다. 기성세대와는 생각도 다르고 처음 접하는 조직생활도 적응하기가 쉽지 않아서일 것이다. 어렵게 들어간 회사를 몇 개월 안에 그만

두기도 하고, 부모님의 도움을 받아 조그만 카페를 시작하거나, 맨땅에 창업 전선에 나서기도 한다.

내가 창업을 하여 회사 CEO가 되려고 해보자. '경영학원론' 수업시간에 학생들에게 '회사 창업'에 대한 과제를 부여한다. 회사를 운영할 자본도 없고, 경험도 없이 창업을 하는 것은 매우 위험한 일이다. 가상으로 기업을 어떤 아이디어와 경영전략으로 운영할지 발표하라고 하는데, 몇몇 학생들은 독창적인 아이디어로 나를 놀라게 하기도 한다.

어떤 아이템으로 돈을 벌 건지도 중요하고, 어떻게 조직을 운영해야 하는지, 필요한 자금과 마케팅은 어떻게 해야 하는지 등등 고려해 볼 것이 너무 많다. 이런 위험을 가상으로 미리 해보는 과제여서 인기가 많은 편이다.

출처: Pixabay

우리나라 오너 대기업의 경우 자녀들이 경영수업을 하는 모습을 자주 볼 수 있다. 신입사원 또는 대리, 부장으로 입사하여, 주요 부서에서 경험을 쌓게 하고, 나중에 임원의 자리를 맡기는 식이다.

나도 나중에 회사를 만들어서 CEO가 되고 싶다.
그런데 경험도 자본도 없다. 생각을 바꾸어 보자.

내가 입사를 해서 2~3년 후에는 창업을 할 것이다. 그동안 여러 부서에서 일을 해보고, 경험을 쌓는다. 그런데 일에 대한 대가, 월급도 받는다. 경영수업과 다른 것이 별로 없다.

오너가의 경우와는 위치와 규모는 다르지만 **나도 똑같이 생각에 따라 '경영수업'을 받는 것이다. 창업을 생각하는 젊은 청년세대는 진출하고자 하는 관련 기업에서 경영자의 마인드로 경영수업을 미리 받고 창업하는 것을 추천한다.**

3

타인과 비교해라

- 경쟁보다 창조적인 행동을 해라
- 내 인생, 남이 나를 대신해서 살아주지 않는다
- 발전은 어제보다 발전된 나를 만드는 것이 기준이다

  인간은 군집생활 즉 조직생활을 한다. 자연적으로 만들어진 혈연관계는 어쩔 수 없이 나의 서열(위치)과 역할이 정해진다. 이를 제외한 대부분의 조직은 나의 선택에 의해 이루어진다. 학교가 그렇고, 회사가 그렇고, 동호회 활동 등 취미생활도 마찬가지이다.

  조직은 2인 이상이 모여, 공동의 목표를 효율적으로 이루기 위해 노력하는 집단이다. 이를 위해서 조직의 수장이 필요하고 여러 파트로 구분하여 운영을 한다. 회사조직은 말할 것도 없고, 종교집단도 오랜 세월 동안 지도자를 선출하고, 체계적으로 세부 목적에 따라 하부 조직을 운영하고 있다. 부담 없이 가입하는 동호회도 회장을 뽑고, 조직의 사람과 자금을 관리하는 사람을 별도로 선정하여 운영한다.

성스러운 종교조직, 마음 편한 동호회 조직도 사람이 모이면 공동의 목표를 위해서 구체적인 조직이 만들어지고 더 효율적으로 운영되기 위해 구성원 모두가 노력한다. 사람이 모이는 곳은 어디든지 조직이 만들어진다.

우리 대부분은 학창시절부터 **경쟁과 비교 시스템에서 성장해 왔다. 우리가 필요해하고 원하는 자원은 한정되어 있는데, 우리의 욕구는 제한이 없다. 따라서 제한된 자원을 합리적으로 분배하는 원칙과 제도가 필요해졌다.** 어떻게 나누어 가지는 것이 모든 사람 또는 참여자를 만족시킬 수 있을까?

조직 구성원이 인정하는 제도와 원칙 아래에서 순위를 매겨서 상위에 위치한 순서대로 자원을 배분하여 가져가는 것(원칙)이 선사시대부터 이어져 왔다.

내가 원하든, 원하지 않든 우리 모두는 경쟁을 해야 한다. 학교에서 좋은 성적을 거두어야 다음 단계의 좋은 학교로 진학할 수 있고, 이러한 과정이 좋은 직장 그리고 남보다 나은 보수를 받을 수 있는 자리로 갈 수 있는 확률을 높여준다. 회사에서도 같이 입사한 동기보다 높은 성과를 올리고 좋은 평판을 유지하면 승진과 소득이 따라오게 된다.

그러나 대부분의 조직에서 우열을 가리기 위해 경쟁을 하는 것이 인간에게는 당연함에도 불구하고 계속해서 좋은 순위를 점하고 유지하는 것은 어렵기 때문에 부담과 스트레스가 따라온다. 나름대로 일에 최선을 다했다고 생각하는데 평가점수는 기대에 못 미치고 올라가야 할 상위의 자리는 제한되어 있기 때문에 필연적으로 탈락자가 생긴다.

대부분의 경쟁방식이 '의자 빼기' 놀이와 같이 처음에는 그리 어렵지 않지만 최종적으로 의자가 하나가 남는 방식과 다르지 않다.

1910년에 출간된 《불멸의 지혜》라는 책에서 저자는 "경쟁자가 아닌 창조자가 되어야 한다. 모든 사람에게 그가 나에게 받는 가치보다 더 많은 사용가치를 주어야 한다."라고 성공의 원칙을 이야기하였다. 그리고 "인생의 성공이란 스스로 되고 싶은 사람이 되는 것이다."라고 하였다.

이 글을 읽고, 다른 사람의 기준에 얽매여 따라가는 것보다 나의 기준을 명확히 하고 전보다 나은 나를 위해 행동한다면 자연스럽게 내가 이루고자 하는 것들이 따라올 것이라는 생각을 하게 되었다.

학교에서 1등과 꼴찌를 정하고, 회사에서 피라미드 형식으로 구성원들이 아래에서 위로 갈수록 줄어드는 시스템을 바꾸기는 어렵다. 내가 각고의 노력을 하더라도 1등을 계속할 수도 없고, 매번의 평가에서 좋은 성적을 거두어서 줄어드는 허들을 통과할 수도 없다.

출처: Pixabay

내가 어쩔 수 없는 사회와 조직의 구조, 틀은 그대로 두자. 그 안에서 작동하는 시스템과 평가제도 안에서 할 수 있는 한 최선을 다한다. 결과도 그대로 수용한다. 그런 기회가 주어졌고, 실행을 할 수 있었다는 데에 만족한다.

생각의 틀을 바꾸어 보자.
내가 어쩔 수 있는 상황과 환경을 만들자. 경쟁구도보다 없던 것을 만들어 내는 데 더 관심을 가지고 노력하자. 회사 일을 할 때에도 회사의 성과기준을 따르지만, 내 기준으로 잘하고 만족할 수 있는 분야도 만들어서 스스로 평가해 보자.

가령 고객을 직접 상대하는 일이라면 일의 성과보다 고객만족도를 우선한다든지, 상품과 서비스의 구매자를 충족시킬 수 있는 기존에 없던 제도나 시스템을 만드는 것 등의 일이다.

아무도 시키지 않았지만, 펀드 투자자가 원하는 목표금액과 수익률로 펀드를 해지할 수 있는 도구를 제공하면 좋겠다는 생각으로 만든 '목표달성형 펀드시스템'은 나에게 금전적인 도움을 주지 않았지만 20년 가까이 적립식 펀드 이용자에게 도움을 주고 있다.

남들과의 비교보다 과거, 어제의 나를 기준으로 비교한다. 대부분의 비교는 나보다 못난 사람보다 나보다 잘나가는 사람을 기준으로 하고 있다. 그래서 비교의 횟수가 늘어날수록 자괴감과 불만족이 늘어나게 된다.

'잘한다. 잘했다'의 기준, 남들이 만든 것만 따르는 것보다 나의 경험과 상황을 바탕으로 만든 평가 기준을 적용하여 비교해 본다. 그리고 이것은 나 스스로 통제 가능한 기준이다.

10년 전, 1년 전의 나, 어제의 나, 내가 어느 수준이었는지 잘 알고 있다. 그 기준보다 나아지기 위해 더 열심히 했는지, 더 나아졌는지도 잘 알 수 있다. **스스로 통제 가능하고, 만족의 횟수가 늘어날 수 있도록 나를 기준으로 비교·평가하고, 좋게 평가되기 위해 노력하자.**

내가 힘든 상황일 때의 비교는 나보다 어려운 사람, 상황을 기준으로 하는 것이 좋다. 얼마 전 미국에서 3년째 열심히 직장생활을 하고 있는 딸을 보러 뉴욕에 다녀왔다. 패키지여행이 아니라 딸이 사는 환경에서 10일을 보냈는데, 생활이 녹록하지 않았고 적은 소득과 높은 물가에 고생하는 걸 보고 짠한 감정을 가지고 돌아왔다.

맨해튼을 가면 수십 층의 기기묘묘한 멋진 빌딩들을 볼 수 있다. 건너편 뉴저지주에서 보는 스카이라인은 해 질 녘에 더 황홀하다. 그러나 화려한 42번가 지하에 있는 지하철역은 막 무너져 버릴 정도로 낡았고 환기도 잘 안되고 역한 냄새가 났다.

뉴욕에 있는 대부분의 지하철역에는 화장실도, 역무원도 없었다. 주요 공원에도 화장실은 보이지 않았고. 음식값은 왜 그리 비싼지, 거기에 팁도 주어야 하고. 부자에게 살기 좋아 보여도 보통 사람 그리고 나의 기준에는 불편하였다.

열다섯 시간의 긴 비행시간 후, 도착한 우리나라. 여전히 물가는 계속 오르고 경제는 어렵고 다들 먹고살기가 팍팍하다고 한다. 나도 그렇게 생각한다. 그런데 막 다녀온 미국의 뉴욕과 비교해 보니 물가수준도 낮고 음식 값도 저렴하고 팁도 없고, 공공시설과 대중을 위한 사회시스템도 훨씬 잘 갖추어져 있다는 생각이 들었다.

나는, 우리나라는 변한 것이 없는데, 미국 뉴욕의 상황과 비교해 보니 우리나라가 이전보다 더 좋아져 보인 것이다. 경제·사회적으로 잘 나가는 미국인데 어떻게 비교하느냐에 따라 다르게 평가되는 것을 알게 되었다.

누가 뭐라고 해도, 내 인생 남들이 나를 대신하여 살아주지 않는다. 결과에 대한 책임도 내 것이다. 그래서 내가 직접 기준을 만들고 실행해야 한다. 다른 사람들이 생각하는 행복이 아니라 내가 직접 만지고 경험할 수 있는 행복이 중요하기 때문이다.

4

공식조직만 고집해라

- 나와 공통분모가 많은 사람, 더 신뢰가 간다
- 중요 의사결정은 비공식조직에서 더 많이 이루어진다
- 공식, 비공식조직 모두 중요, 균형감 있는 자세가 필요하다

우리나라 상위 1%의 자산을 관리하는 PB팀장을 3년 동안 하였다. 은행 생활 30년 중 10%에 해당되는 기간이다. 직장생활 27년~29년차 베테랑 시기에 업무를 하여 다른 팀장들에 비하여 노련하고 능숙하게 고객의 니즈에 맞는 자산관리를 할 수 있었다.

처음 대면하는 고객, 어떻게 접근하고 나를 표현해야 하는지 항상 부담스럽고 낯선 상황이다. 그동안의 나의 경력, 학력, 경험을 정리한 파일(이력서와 같은 형식)을 보여준다. 펀드·투자상품 경험, 석사·박사 학위 등이 '이 사람 보통 이상 전문지식과 경험이 있구나' 하는 인상은 심어줄 수 있겠지만, 거기까지이다.

상대방의 관심과 친밀감을 이끌어 내려면 서로의 공통분모를 찾아내서 공유하는 것이 제일 좋은 방법이다. 첫 대면에서 상대방의 말투를 자세히 분석한다. 고향은 어디인지, 어느 지역 사투리를 쓰는지, 학력은? 남자라면 군대 경험은? 무엇 하나 사소한 것이라도 나와 공통되는 점을 찾으려고 노력한다.

공통분모가 확인되면 서로의 어색함이 없어지고, 편한 마음으로 상대방의 의견에 귀 기울이게 된다.

처음에 불만스러운 상황에서 마주친 CEO 한 분은 따져보니 나의 장교 ROTC 11년 선배님이었다. 이를 아는 순간 서로 긴장감도 풀리고, 친숙한 분위기가 형성되었다. 이후 본인 및 배우자의 자산뿐만 아니라 회사의 자금 중 상당 부분을 맡겨주셨다.

다른 CEO 한 분은 오랜 기간 회사를 운영하고 자산관리는 배우자가 맡아서 관리하여 자주 만날 기회가 없어서 관계 형성이 잘되지 않았다. 만나서 이야기하면서 공통분모를 찾으려고 노력했는데, 무엇 하나 걸리는 것이 없어서 힘들었다.

학연, 지연, 경험 등 나와는 공통분모가 확인되지 않았던 것이다. 그러던 중 고향이 여수라는 말을 듣고, 여수가 내가 태어난 남해(군)와 가깝다는 것을 알고 이야기를 했더니 경상도, 전라도로 행정구역이 나누어지지만 남해가 가까운 거리에 위치하고 민도가 높고 사람들도 좋다고 호감을 보여주셨다. 그 이후 자산관리도 서로의 관계도 물 흐르듯이 자연스럽게 진행될 수 있었다.

정부의 고위급 인사 뉴스가 발표되면 그 사람의 공식 프로필 외에 인사 지명권자와의 관계 또는 인연에 대한 내용이 회자된다. 같은 대학교, 같은 지역, 동일 부서 근무 경험 등 무엇 하나라도 공통으로 겹치는 부분이 있다. 지연, 학연, 혈연 등 그 자리의 자격과 관련이 없는 부분인데도 대부분 비공식 요인이 겹치고 있다.

이번 정부의 중요 스펙은 검사이다. 임명권자인 대통령이 검사 출신이기 때문에, 또 같이 일을 해본 경우라면 주요 자리에 올라갈 가능성이 커진다. 불편한 상황이지만, 현실이 그렇다.

대학교에서 학생들에게 경영학원론, 조직행동론 등의 과목을 강의하면서 **'공부뿐만 아니라 다양한 경험을 시도하라'고 강조한다. 다양하고 차별화된 경험이 많을수록 처음 만나는 또는 중요한 순간에 만나게 될 상대방과의 주요 공통분모가 있을 가능성이 많아질 수 있기 때문이다.**

나의 경우, 학부, 석사, 박사과정의 학교가 각각이다. 한 학교에서 학부에서 박사까지 다 하는 경우가 있는데, 나는 다 다르니까 다른 환경, 다른 커뮤니티에 참여할 수 있어서 더 좋다. 심지어 최고위 과정도 학교가 다르다(부산대학교 무역학과, KAIST 금융공학 MBA, 한국외국어대학교 경영학 박사, 연세대학교 자산관리 최고위 과정 등).

중국에서도 '꽌시(關係)'는 관계를 뜻하는 중국어 단어로 개인 간에 맺은 인연을 중요하게 생각한다. 서양에서도 비공식 네트워크를 그레이프바인(grape vine)이라고 명명하며 포도넝쿨처럼 뒤엉킨 관계 형성을 중요하게 생각하고 있다.

형식과 제도에 의해 생겨나고 운영되는 공식조직에서만 사람들이 생활하는 것은 아니기 때문에 필요에 의해서 자연적으로 만들어지는 비공식조직에서도 좋은 관계를 유지하는 것이 중요하다.

출처: Pixabay

2000년대 초반 내가 다니던 조흥은행이 신한은행과 합병을 하게 되었다. 통합조직의 원활한 운영을 위해서 통합 본부에서는 일체의 비공식조직 활동을 금지했다. 대표적인 것이 학교 동문회였고, 같은 군대 출신 모임(장교, 해병대 등)까지도 제한하였다. 유일하게 허용되는 모임은 같은 지점, 부서에서 근무하던 사람들의 모임이었다.

학연, 지연, 동일한 경험을 보유한 출신들의 파벌 형성이 두 회사의 조직이 융합하는 데 걸림돌이 될 것이라고 판단하였던 것이다.

 그러나 사람은 컴퓨터처럼 명령어를 입력하면 그대로 결과가 정해지는 무형물이 아니다. 개인마다 다양한 생각을 가진 생명체라서 이를 물리적으로 통제할 수는 없다. 외형적으로 그런 모임, 만남을 일정 기간 자제하였지만 오랜 기간 이어오던 관계를 끊을 수 없었다. 2~3년 동문 모임을 포함한 비공식조직의 모임 및 행사가 자제되었지만 그 후 자연스럽게 다시 모임은 유지되고 있다.

 일반적으로 공식조직은 나 스스로 의사결정을 함으로써 가입이 된다. 반면 비공식조직은 나의 의사와 상관없이 결정되는 경우가 많다. 내가 태어나는 지역, 가족관계 등이 그렇다. 그러나 대학동문, 같은 군대 출신, 동호회 등의 모임 및 조직은 나 스스로의 결정이 자격 및 대상을 만드는 경우이다. 그래서 이런 경우는 비공식조직이지만 지연, 혈연보다 공식조직에 가까운 동질감을 느끼기도 한다.

 회사를 다니면서, 부여되는 일만 하고 같은 부서의 사람들로만 관계 형성을 할 수는 없는 일이다. 즉 식사를 하는데 매번 맨밥을 물에 말아 먹을 수만은 없는 거다. 국도 먹고 여러 반찬도 먹어야 맛있는 식사를 할 수 있는 것이다. 조화롭게 여러 음식이 어울려야 되듯이, 사회생활 및 조직생활도 조화와 균형이 중요하다.

공식, 비공식조직을 구분하여 중요도를 판단하는 것보다, 내가 몸담고 있는 조직이면 어디든 나의 역할과 위치에 맞는 행동을 해야 한다. 그리고 나와 관계하고 있는 사람들이면 어디에서든 나의 진심을 보여주고, 좋은 관계를 유지하는 것이 중요하다.

5

글과 문서로 남겨라

- 건설적 비판이라도 글로 남기지 마라
- 글은 내가 쓰지만, 판단은 상대방이 한다
- 직접 만나서 표현하는 것이 제일 효과가 있다

학창시절부터 국어를 잘했다. 전체 문맥을 이해하고 어떤 표현이 적절한지 알아내는 것에 소질이 있었다. 전교 1등은 하지 못했지만 국어 점수는 1등을 한 적이 더러 있다. 이런 능력은 조직생활에서 상대방의 의중을 파악하고, 원활한 관계 유지를 하는 데 도움이 되었다.

내가 아무리 노력을 하더라도 상급자와 조직 구성원을 계속해서 만족시키는 것은 불가능하다. 왜냐하면 내가 하는 말과 행동에 대한 평가는 상대방이 하기 때문이다.

직장 내에서 업무에 문제가 발생하면 서로 각자의 의견을 전달하고,

상사에게서 생긴 불만은 동료들과 술자리에서 뒷담화로 풀기도 한다. 간혹 정치권에서 녹취록이 나와서 이슈가 되곤 한다. 자기는 절대 그런 적이 없다고 하는데, 녹음된 내용이 나오면 더 이상 그 건에 대해서는 반론을 제기하지 않는다.

회사생활에서 자기에게 유리한 증거를 남기기 위해 녹취를 하는 일은 흔한 일은 아니다. 요즘 대부분의 회사에는 사내 인트라넷이 형성되어 있어, 카톡이나 네이버 메일처럼 글자로 실시간 소통이 가능하다.

급한 업무 내용도 물어보고, 공식적인 사내 메시지도 전달한다. 자주 있는 일은 아니지만 말단 직원이 조직의 제일 높은 곳에 있는 CEO에게 하고 싶은 말을 문장으로 전달할 수 있는 시대에 살고 있는 것이다.

회사생활 30년 동안, 두 번 CEO에게 나의 주장을 사내 메일을 통해서 전달하였다. 한번은 지금은 사라진 조흥은행에 근무하고 있을 때이다. IMF 금융위기가 닥치고 은행권 구조조정 문제로 은행이 어려운 시기였다. 입사한 지 몇 년 안 되었지만, '직원 전체가 우리사주를 매입하여 은행을 살려야 한다'는 내용의 메일을 당시 은행장에게 보냈다.

말단 사원인 나에게 전달된 은행장의 답장은 '조직에 대한 충정은 이해하고 감사한다. 그러나 100년 은행 조흥은행은 문제없이 잘 생존할 것이다'라는 내용이었다. 추후 조흥은행은 신한은행에 흡수합병 되었지만, 나는 조직에 대한 긍정적이고 적극적인 메시지를 전달한 것에 대해서는 아쉬움이 없었다.

 두 번째는 몇 년 전, 라임펀드를 시작으로 금융권에 닥친 사모펀드 사태로 은행이 힘든 시기였다. 여러 요인이 있었겠지만, 펀드 관련 경력이 20여 년이고 PB팀장인 나의 판단으로는 펀드 관련 본부부서의 인력과 조직이 확충되고, 펀드상품에 대한 심사 및 관리가 강화되어야 한다는 생각이었다.

 이런 내용을 당시 은행장에게 정중한 표현과 격식을 갖추어 메일로 전달하였다. '문제의 심각성을 인지하고 조직을 재편하고, 문제해결에 노력하겠다'라는 사무적인 답변을 받았다. 사모펀드와 관련된 문제는 지금도 간간이 언론을 통해 크게 바뀌지 않은 현상이 보도되고 있는 걸 보면 안타까운 생각이다.

 첫 번째 글은 조직에 대한 긍정적인 행동을 하자는 것이어서 나의 평판에 좋은 영향을 미친 것 같다. 두 번째 글은 회사가 잘되었으면 하는 바람에서 쓴 글이었지만, 건설적인 비판이어서 글을 읽는 입장에서는 불편했을 수 있을 거라는 생각이 지금은 든다.

 나의 생각을 전달하는 방법은 크게 나누어 직접 만나는 방법, 글로 표현하는 방법 2가지가 있다. 서로 장단점이 있는데, 다음과 같이 사용하는 것이 좋다.

글로 전달하는 것은, 여러 사람에게 한꺼번에 내용을 전달할 수 있다는 장점이 있다. 계속해서 기록이 남아 있기 때문에 긍정적인 내용을 전달할 때 주로 사용한다. 내가 보기에 좋은 내용이라도 상대방의 입장을 고려하여 불편할 수 있는 내용은 작성하지 않는 것이 좋다.

메신저나 이메일 등의 서비스에 쓴 나의 생각은 좋든 싫든 사라지지 않고 계속 남기 때문에 중요한 의사전달을 할 때에는 이용하지 않는 것이 바람직하다.

직접 만나서 대면으로 나의 생각을 전달하는 것은 나의 진심을 보여주는 데 강점이 있다. 상대방의 눈을 바라보고 같은 공간에서 이야기하면 설령 문장이 어설프고 능숙하지 않아도 마음을 제대로 전달할 수 있다. 다만, 내가 전달하고자 하는 상대방이 직접 만나기 어려운 상급자나 유명 인사라면 더욱 그렇다.

직장생활 10년 차가 조금 지난 시점, 신설된 부서에서 새로 맡은 일은 힘들었지만 보람찬 하루를 보내고 있었다. 일뿐만 아니라 직속 상사에 대해서도 최선을 다해 서포트를 했다. 그러던 중 일로 인해 내가 몸이 아픈데, 상사가 그걸 몰라주어서 서운하였다. 그것을 메신저로 표현했는데, 서로의 좋은 관계를 얼어붙게 만들어 버렸다.

직접 만나서 얼굴을 보면서 이야기했더라면 좋았을 텐데, 아쉬움이 남는다. 이후 이전의 관계를 회복하기 위해 먼저 연락을 하였고, 회복하는 데 1년 이상이 더 걸렸다.

출처: Pixabay

2006년 미국에서 유학할 때의 일이다. 집안에 행사가 있어 비행기를 예매했는데, 행사가 취소되어 비행기도 예약을 취소해야만 했다. 전화로 항공사에 연락을 하여 사정을 했는데, 취소도 환불도 안 된다고 했다. 아쉬운 마음에 직접 공항에 가서 항공사 카운터의 담당자와 이야기를 했다. 항공사 규정은 알겠는데, 이러저러한 사정으로 불가피하게 취소를 하게 되었다고, 서투른 영어지만 진심을 담아서 이야기하였다. 기대를 하지 않았는데, 담당자는 나의 상황을 이해하고 수수료 없이 전액을 환불해 주었다. 직접 대면하여 이야기해 보지 않았다면 불가능했을 일이다.

내가 나의 진심을 왜곡 없이 전달하고자 한다면, 직접 만나서 이야기하는 것이 최선이다. 직접 만나는 것은 상대방의 상황이나 시간 제한

등으로 어려울 수 있지만, 가능한 한 방법을 찾아서 아쉬움 없이 이야기해 보는 것이 좋다.

지난 30년 동안의 회사생활 동안 중요한 의사전달을 해야 하는 전체 대상 건수 중 80% 정도를 직접 만남을 통해 실시했던 것 같다. 다른 직장인들보다 비교적 높은 확률이지만 나머지 시도하지 못한 20%가 아쉽다. **그때로 다시 돌아간다면 중요한 내용 전달은 꼭 직접 만나서 전달해 보고 싶다.**

6

{ 성공 방식에 익숙해져라 }

- 이전의 성공 방식이 항상 적용되는 것은 아니다
- 모든 것이 변하는데, 나만 변하지 않는다면?
- 늘 깨어 있고 변화에 적응해야 생존이 가능하다

  성공한 기업가, 유명 연예인의 성공기에 대해 관심이 많다. 대부분의 사람들은 드라마틱한 성공보다는 현실에 안주하여 하루하루를 어떻게 잘 버텨낼까! 하는 고민으로 생활하기 때문일 것이다.

  다른 사람 또는 훌륭한 기업에 대한 이야기를 직접 들을 수 있는 기회는 어렵기 때문에 보통 책으로 만나게 된다. 책을 통해서는 생동감은 다소 떨어지지만 힘든 역경을 잘 극복하고 어떤 성공 DNA로 정상에 올랐는지를 일목요연하게 잘 알 수 있다.

  2004년 출간된 《초우량 기업의 조건(In Search of Excellence)》의 책의 이

력은 매우 흥미롭다. '포춘지' 100대 기업 리스트를 경영학자들에게 보내어 그중에서 제일 경영을 잘하며 잘나가는 기업을 선정해 달라고 했다. 그 결과 43개 기업이 뽑혔다. 이 기업들의 임원들에게 사람은 어떻게 채용하는지, 회사전략은 무엇인지 회사의 중요내용에 대해서 질문하고 받아 적었다. 그리고 그대로 책이 되었다.

책의 서문에는 '여러분 기업도 이대로만 경영하세요. 그러면 초우량 기업이 됩니다'라고 썼고, 이 책은 바로 베스트셀러가 되었다.

그런데, 책이 출간되고 5년 뒤 초우량 기업에 선정되었던 43개 기업 중 14개 기업이 법정관리에 들어가고, 몇 개는 완전히 사라졌다. 실패의 이유는 무엇이었을까?

실패의 이유는 간단했다. 그 기업들이 너무 성공했다는 것이 실패의 이유였다. 세상은 빠르게 변해가는데 CEO부터 말단 사원까지 익숙해진 성공 노하우를 계속 반복했기 때문이다.

출처: Pixabay

내가 첫 직장으로 몸담았던 한국의 상장 1호 회사, 100년이 넘은 한국의 조흥은행, 200년 전통의 영국 베어링은행은 지금은 존재하지 않는다. 조흥은행은 IMF의 파고를 넘지 못했고, 공적자금을 지원하겠다는 정부의 제안도 '100년 동안 아무 문제 없었는데, 독자 생존 할 수 있어'라고 오판한 CEO와 경영진의 무능으로 역사 속에서 사라졌다.

영국의 베어링은행은 닉 리슨이라는 파생상품 담당자의 무모한 투자와 회사의 관리 부재로 단돈 1파운드에 매각되었다. 파생상품 투자의 레버리지가 매우 위험하고 철저한 관리가 필요하다는 것을 인지하지 못하는 바람에 200년 넘게 이어온 은행이 사라진 것이다.

"'모든 것은 변한다'는 말을 제외하고 모두 변한다." 라는 격언이 있다. 인간의 역사가 이어져 오면서 변화의 주기는 계속 빨라지고 있다. 산업혁명 시기에는 물건을 생산만 하면 팔리던 공급자 우위의 시장에서 지금은 고객과 소비자가 필요로 원하는 제품과 서비스가 아니면 이익을 창출할 수 없는 시대가 되었다.

한때, 스타벅스의 대항마인 한국 토종 커피 브랜드로 이름을 높였던 '이디야 커피'의 부진도 변화에 적응하지 못하고 있는 대표적인 사례이다. 이디야는 스타벅스 매장 인근에 저렴한 가격으로 소비자를 공략하여 가맹점이 3,000개를 돌파하기도 하였으나, 빽다방, 컴포즈, 메가커피 등 저가 커피 브랜드의 등장으로 점유율이 축소되고 있다.

경쟁 저가 커피 브랜드 대비 싸지 않은 가격, 고객을 끌어들이는 마케팅 부재로 상황은 더 나빠지고 있다. 더 큰 문제는 이러한 문제들을 타파할 수 있는 뾰족한 대안이나 전략이 나오지 않는다는 데 있다.

기업들의 성공과 실패 그리고 생존전략과 비교하여 개인은 어떤가?

나도 30년간 성공과 실패를 주기적으로 반복하였다. 은행에서 생소한 펀드상품에 특허 시스템을 붙여 투자자의 편의를 도모해 보고, 새로운 상품군을 출시하였다. 전문성을 높이고자 석사, 박사과정을 이수하였다. 조직에서 계속 잘나가고 성공할 줄 알았지만, 주요 고비마다 고배를 마시기도 하였다.

직장의 꽃은 승진이다. 급여가 오르기도 하지만 더 높은 수준의 일을 할 수 있고 자긍심도 올라간다. 그러나 나는 그러한 허들이 생길 때 때로 좋은 결과를 얻지 못하였다. 지금 생각해 보면 실패하고 도태한 회사들의 실패 사유와 비슷한 것 같다.

'지금까지 잘해왔으니까 특별히 더 노력을 하지 않더라도 나를 잘 알아주겠지!' 하는 안이한 생각과 행동이 문제였다. 평가자의 입장에서는 현재 기준으로 객관적인 성과와 미래가치를 바탕으로 대상자들을 평가할 텐데, 오히려 나는 그러한 시기를 잘 보내지 못했던 것이다.

타임머신을 타고 다시 그때로 돌아갈 수 있다면, 내가 평가받는 중요한 시기에는 평소보다 몇 배의 노력을 더 기울일 것이다. 경쟁자들도 최소한 20~30% 이상 더 열심히 할 것이고 조금 더 노력하는 것은 표가 나지 않기 때문이다.

세상에 그냥 되는 것은 없다.

내가 투자하려고 하는 기업이 과거의 성공 방식만 고집하면서 변화에 도전하지 않는 회사라면 투자를 다시 생각해 봐야 한다. 사람 개개인도 마찬가지이다. '예전에 이렇게 해서 잘되었는데, 앞으로도 잘되겠지!' 하는 생각 그리고 빠르게 변화하는 세상에 과거의 생각과 행동만 고집하면 다음번의 성공은 쉽게 오기 어렵다.

그리고 **회사조직에서 좋은 평가를 계속 유지하려면 어떤 변화의 흐름이 있는지, 또는 앞으로 올 것인지 예측해 보고 변화에 적응하려는 노력이 꼭 필요하다.**

7

{ 세상일에 신경 써라 }

- 나는 불완전한데, 세상은 완벽하기를 바란다
- 나만큼 나에 대해 신경 쓰는 사람은 아무도 없다
- 나의 생각과 행동이 제일 중요하다

나는 야구를 좋아한다. 프로야구가 출범된 뒤로 주욱 롯데 야구단의 팬이다. 40년 동안 두 번 우승하고, 계속 하위권을 맴도는데도 잘하는 팀으로 응원을 옮기기가 쉽지 않다. 중요한 순간에 어이없게 에러를 하고, 다 이긴 경기를 9회에 역전패하면 그날 다른 좋은 일이 있어도 잠자리에 들 때 편안하지 않을 정도다.

정치권을 바라볼 때도 유쾌하지 않다. 선거 시즌에는 모든 것을 다 내어주고 국민만을 위한다고 떠들지만, 국회에서 당리당략을 위해 치고받고 싸우면서 유치원생들보다 못한 행동을 보이곤 한다. 참 답답하다.

회사에서도 비슷한 모습들이 일어난다. CEO가 바뀌면 회사 로고나 캐치프레이즈를 바꾸려고 한다. 전임 CEO가 많은 돈을 들여서 바꾼 건데… 잘 운영되는 IT시스템을 사용연한이 많이 남았는데도 바꾼다. 사용자들은 많이 불편해한다. 해당 업종의 본질은 변하지 않았는데, 고객이나 사내 구성원들의 의사와 상관없이 계속 중요사항을 바꾸려고 한다. 누굴 위해서인지, 불만스럽다.

포커스를 나에게로 돌려보자.

나는 완벽하게 할 일을 하고 있는지, 하고 싶은 일은 시도조차 했는지, 부여받은 일은 완벽하게 수행하고 있는지? 그렇게 만족스러운 답이 나오지 않는다. 그러면서 나를 제외한 다른 사람, 그리고 세상이 완벽하기를 바란다. 다음은 곰곰이 이 문제를 생각하면서 유튜브에 내 생각을 올린 내용이다.

"나는 완벽하지 않은데

당신은 다른 사람들이 꼭 원하는 대로 살지 않으면서,
왜, 당신은 세상이 당신이 꼭 바라는 대로 움직이기를 원합니까?
당신은 완벽할 수 없는데,
왜 세상은 오류나 문제점 없이 완벽하게 보이기를 원합니까?
나와 다른 생각을 가진 사람, 나와 다른 행동을 하는 사람
나름대로 최선을 다하여 고민하고 움직이고 있습니다.
타인을 보이는 그대로, 바라봅니다.

세상을 있는 그대로, 바라봅니다.
다른 사람이, 세상이 있는 그대로 나를 바라볼 수 있도록 할 때
내가 편안해집니다"

출처 : https://www.youtube.com/watch?v=QHciWMld-OM

　프로 스포츠 선수들이 실수를 하려고, 경기에 지려고 하지는 않는다. 무더위에 한 점을 더 내기 위해, 기어코 이기려고 최선을 다한다. 정치인도 자기 위치에서 당의 권력 기반을 올리기 위해 물불 가리지 않고 노력을 한다. 이익이 나지 않으면 망해서 없어지는 회사는 어떤가? 고객을 한 명이라도 더 유치하기 위해, 경쟁사보다 더 나은 제품과 서비스를 제공하기 위해 치열하게 매진한다.

　그렇다. **나뿐만 아니라 세상에 있는 모든 사람, 경제 사회 주체들이 나름대로 최선을 다하고 있다.** 그 노력이 이루어지는 현장에 내가 없고, 그 상황을 100% 이해할 수 없기 때문에 늘 안타깝고 아쉬운 것일 뿐이다.

나 자신이 내가 생각한 대로 결과물을 만족스럽게 가져오기 쉽지 않은데, 다른 사람이나 사건들이 완벽하게 이루어지기를 바라는 것은 상식과 이치에도 맞지 않는 일이다.

출처: Pixabay

모두가 치열하게 자기 위치에서 최선을 다하기 때문에 나에 대해 관심 있는 사람은 많지 않다. 나를 낳아준 부모님과 형제, 배우자와 자녀들, 나를 이해하는 절친들이 다른 사람들보다는 나에게 조금 더 관심이 있겠지만 나만큼 나의 상황과 마음을 이해할 수 있을까?

그렇지 않다. 반대로 내가 나의 부모님과 가족, 친구들에 대해 나 자신만큼 속속들이 알고 이해할 수 있을까?
나만큼 나에 대해 신경 쓰는 주체는 이 세상에 없다. 그래서 다른 사

람들의 이목과 관심에 신경 쓰는 것보다, 나 자신에게 집중하는 것이 합리적인 행동이다.

내가 무엇을 원하고, 무엇을 잘하는지, 무엇을 보완해야 하는지 등 나와 관련된 사항을 정리해 보고, 필요한 것들을 계획을 세워 실행하자.

회사에서는 회사의 목적에 따라 조직 구성원에게 필요한 과제를 부여하고, 그것이 잘 수행되었는지에 관심이 있다. 조직 구성원 개개인의 생각 그리고 개인이 이루고자 하는 꿈에는 솔직히 큰 관심이 없다.

내가 만족해야 주위에 관심이 생기게 된다. 회사에서도 마찬가지이다. 아침에 출근할 때 오늘 할 일에, 동료들과 소통하는 것에 설레야 성과가 올라갈 것이다. 하루 중 나에게 필요한 것을 채우고 관리하는 시간을 만들어 보자.

단 5분, 10분도 좋다. 내가 신경 쓰고 스트레스 받는다고 해서 바뀌지 않는 스포츠 경기의 결과, 정치 · 사회 문제에 대해서는 응원은 하지만, '아, 그렇게 흘러가는 구나' 하고 한 걸음 떨어져서 바라보도록 하자.

잘 되지는 않지만, 내가 할 수 있는 것, 내가 통제할 수 있는 것들에도 관심을 가지고 시간배분을 한다. 취미활동, 어학이나 자격증 시험, 명상 등 나에게 긍정적인 효과를 줄 수 있는 것들을 시도해 보자. 다른

사람들은 별로 관심이 없겠지만 그것들의 시도와 결과에 따라 나는 만족하고 성장해 갈 것이다.

다양한 구성원들이 모두 치열하게 사는 우리 사회, 내 마음 나의 뜻대로 되는 것은 많지 않다. 나 자신이 그러니 세상도 그러는 것이 당연한 일이다. **내가 어쩔 수 없는 일들은 그런가 보다 하고 넘어가고, 내가 어쩔 수 있는 나의 일에 더 관심을 가지고 지내자. 그러다 보면 주위의 일들도 이전보다 긍정적으로 보일 것이다.**

8

매일
똑같이 살아라

- 노력이 똑같으면 결과도 변함이 없다
- 임계치보다 더 노력해야 좋은 변화가 온다
- 기대치를 넘어서야 다음 단계의 기회가 주어진다

 건강을 위해 시작한 헬스 운동이 20년이 넘었다. 일주일에 4~5회 정도 꾸준히 운동을 한 덕분에 우락부락한 근육이 있는 것은 아니지만 배가 나온 전형적인 아저씨 모습보다 삼촌이라고 불러줄 만한 다부진 몸매를 유지하고 있다.

 반팔 티를 입을 때 근육의 모습이 돋보이고, 어깨가 넓어지려면 어떻게 해야 할까? 매번 하는 방식이나 운동량으로는 몸의 변화가 잘 일어나지 않는다.

 눈에 띄는 근육의 극적인 변화가 일어나려면, 운동방법의 변화가 있어야 한다. 매일 똑같은 운동량과 방법으로는 기존 몸매를 유지하는 데 급급할 뿐이다. 부위마다 최대한 할 수 있는 한계, 즉 임계치를 조금씩 벗어나게 운동량을 조절해야 한다. 여기서 임계치는 근육의 경련이 일어날 정도로 가까스로 해내는 양을 의미한다.

 벤치 프레스의 경우 40킬로그램의 무게로 50개가 한계치였다면 오늘은 1개를 더 한다. 내일은 하나를 더 늘리고… 40킬로그램의 무게로 일주일을 해냈다면 다음 주에는 5킬로그램을 늘려서 도전해 본다. 팔의 근육이 부들부들 떨릴 정도로 한 번 더 해낼 때 근육의 변화가 시작된다.

 90년대 후반 은행 연수원에서 근무할 때 직원들을 대상으로 PC 교육을 담당한 적이 있다. 컴퓨터의 기본을 가르치는 건데, 그때 배운 용어가 기억에 남는다. **GIGO이다. Garbage in Garbage out(쓰레기를 넣으면, 쓰레기의 결과가 나온다).** 컴퓨터는 입력한 값대로 계산하여 결과를 알려주는 장치로 제대로 컴퓨터에 값을 입력해야 한다는 것을 강조하면서 사용하였다.

출처: Pixabay

우리가 사는 세상도 마찬가지라고 생각한다. 내가 하는 노력의 정도가 매번 같다면 기대할 수 있는 결과도 이전과 같을 확률이 높다. 그러나 대부분 내가 한 노력은 같은데, 전보다 더 나은 결과를 항상 기대하는 것이 보통의 사람들이다.

저번에 실적달성을 못 했다면, 금번 승진 기회를 놓쳤을 때 '상대방이 정정당당하게 경쟁하지 않았어, 이번엔 운이 없었어' 하고 원인을 외부에 돌리는 방식은 다음번에 똑같은 결과를 가져다줄 확률이 높다.

대신 반복되는 실패가 내가 투입하는 노력과 시도가 계속 같아서 그런 건 아닌지 파악해 본다. 그렇다면 다음번엔 변화를 주어 실행을 해보고, 시간과 노력도 더 해본다. **'input'이 달라져야 'output'도 달라지는 것이 건전한 상식이다.**

어느새 기성세대가 되어버린 나에게 MZ세대를 100% 이해하는 것은 어려운 일이다. 워라밸을 중요시하고, 평생 직장은 없다고 생각하며 개인생활을 존중하는 것들은 사회의 변화에 따라 사회 전체가 이를 점차 받아들이는 분위기이다.

그러나 아쉬운 것 중의 하나는 '나는 월급받는 만큼만 일할래요. 이것도 해야 하나요?' 하는 자세이다. 깔끔하고 명확해 보이기도 하지만, 미래 성장을 위해서는 접근방법을 바꾸는 것이 좋다.

프로 스포츠 선수들의 연봉은 천차만별이다. 연봉 1천만 원 선수부터 매년 수십억 원을 받는 선수까지 정말 다양하다. 선수들이 받는 연봉은 그가 해낼 수 있는 성과를 의미한다.

고액 연봉자들은 연습생 때부터 끊임없이 자기 자신을 갈고 닦아 지금 정상에 서 있는 것이다. '나는 1년에 1천만 원밖에 못 받는데 딱 그만큼만 해야지!' 하고 노력도 성과도 보여주지 않는다면 훌륭한 선수도 고액 연봉도 기대할 수 없다.

회사에서도 마찬가지이다. 내가 지금 월급 200만 원을 받는다고 딱 그만큼 정도만 일을 한다고 해보자. 회사에서는, 상사가 보기에 '저 친구는 200만 원 정도의 수준이구나, 계속 하던 일을 시켜야겠구나' 하고 판단할 것이다.

내가 성장하기 위해서는 주어지는 월급과 평가보다, 더 나은 성과와 결과를 보여주어야 한다. 그래야 다음번에 조금 더 어렵지만 보수를 더 받을 수 있는 자리로 갈 수 있는 기회가 주어진다. 현재 '내가 받는 돈과 평가 딱 그만큼만 해야지' 하는 생각을 버려야 내가 지금보다 더 성장할 수 있다.

9

{ 다른 사람의 평가에 목숨 걸어라 }

- 평판은 다른 사람들의 눈에 비친 나의 모습이다
- 상사의 눈높이로 생각하고 행동해야 한다
- 타인의 평가를 겸허하게 받아들이고 고칠 것은 고쳐야 한다

    나는 잘하고 있다고 생각하는데, 때때로 다른 사람을 통해서 들어오는 비판적인 나의 평가에 간혹 당황해 본 적이 있는가? 학력고사나 자격증 시험처럼 문제를 많이 맞히면 점수가 올라가는 산술적이고 객관적인 평가와 달리, 사람에 대한 평판은 여러 사람들의 주관적인 평가의 평균으로 나타난다.

    좋은 평판은 긴 시간과 노력으로 쌓아가야 하는 데 반해, 나쁜 평판은 짧은 시간에 그 사람을 '정말 나쁜 사람'으로 만들어 버리기도 한다. 아주 가까운 사이가 아닌 경우에 다른 사람을 제대로 평가하는 것은 쉽지 않은 일이다. 대부분의 사람들은 당장 해야 할 내 일이 급하고,

다른 사람의 사정에 많은 관심을 기울이려고 하지 않는다.

'그 사람은 어때?' 하고 물어볼 때, 보통 사람들은 그 평가에 대한 답변을 그다지 중요한 일이라고 생각하지 않는다. 그래서 **겉으로 보이는 단편적인 모습에 속단을 하거나, 다른 사람들이 1차로 평가해서 형성된 평판에 동조하려고 한다. 중요하지 않은 일에 신경을 쓰고 에너지를 소모하는 것이 싫고, 또 그렇게 하는 것이 내가 편하기 때문이다.**

회사 내에서 인사평가는 주기적으로 이루어진다. 업무성과를 기반으로 하는 객관적인 평가(정량평가)와 사람에 대한 주관적인 평가(정성평가)를 합산하여 종합 점수가 매겨진다. 사람의 인성과 됨됨이는 별로인데, 업무성과가 매우 뛰어나서 발탁되는 경우도 있다. 그러나 대부분의 경우 업무성과와 평판이 골고루 뛰어난 사람들이 좋은 평가를 받게 된다.

다면평가라고 해서 상사, 동료, 부하직원 등 나와 관계하는 모든 직원에게 평가를 하는 제도가 점차 많은 기업에서 실시되고 있다. 그러나 고과와 승진 등 중요한 결정에는 아직도 상사들의 판단이 높은 비중을 차지하고 있다.

어떻게 보면 당연한 일이다. 나보다 윗자리에 자리하고 있는 상사들은 내가 경험하고 있는 일을 이미 해봤고, 우수한 평가를 받아서 그 자리에 있는 경우가 대부분이기 때문이다.

모든 평가는 일단 잘 받아야 한다. 자격증 시험이 그렇고, 입사시험도 그렇고, 회사에서 정기적으로 실시하는 인사평가와 승진평가에서도 점수를 잘 받아야 한다. 점수의 큰 비중을 차지하는 상사들로부터 좋은 평가를 받으려면 어떻게 해야 할까?

평가를 받는 나의 입장이 아닌, 평가를 하는 상사의 입장에서 상황을 인식하고 행동하는 것이 정답이다. 내가 MZ세대라고 해서, 평가를 하는 상사들이 나와 같은 MZ세대를 100% 이해해 주기를 바라는 것은 비현실적인 일이다. 그런데 지금의 MZ세대들도 자기보다 5년, 10년 아래의 어린 세대들을 바라볼 때 그들의 생각을 전부 이해할 수 있을까?

나를 평가하는 대리, 과장은 5년 정도, 그 위의 부장은 10년 이상, 임원과 사장님은 20년 이상 갭이 있다. **경험한 시대 상황이 다르고, 배운 것도 다르고, 가치관도 다르다. 내가 중요하다고 생각하는 일을 상사들은 사소한 일로 생각할 수도 있고, 내가 하찮게 생각하는 일을 그분들은 매우 중요하게 생각할 수도 있다.** '일만 잘하면 되지, 예의, 격식, 사내 규정 등이 뭐 중요해?'라고 나는 생각하지만 세대 차이가 나는 상사들은 중요하게 생각할 수 있는 것이다.

출처: Pixabay

평가는 내가 하는 것이 아니다. 나는 피평가자이다. 평가를 하는 당사자인 상사들의 생각을 100% 이해할 수는 없다. 그래서 '내가 그 위치의 평가자라면 어떻게 부하직원을 평가할까?' 하고 상대방의 입장에서 생각해 보아야 한다. 매번 그러기는 힘들겠지만, 가능하면 상사의 눈높이에 맞게 생각하고 행동하려고 노력하는 것이 중요한 포인트이다.

말은 쉬운데 이것을 지키기는 쉽지 않다. 필자도 입사 후 5년 정도 초창기에는 상사들의 생각을 이해하지 못했다. 솔직히 이해하고 싶은 생각도 없었다. '내 생각이 제일 중요해' '왜 내 생각과 다르게 지시를 하지? 정말 이해가 안 되네!' 하고 상사와 때때로 충돌을 일으키기도 했다. 지식도 경험도 많이 부족했었는데 말이다.

지나 보니 열 번의 의견충돌이 있었다면 10% 안쪽 정도만 내 생각이 맞았던 것 같다. 90% 이상은 상사들의 생각이 맞았던 거다.

   10년, 20년, 30년 직장생활의 경험이 쌓이고 뒤를 돌아보니, 그때로 다시 돌아갈 수 있다면, '내가 상대방 특히, 상사의 입장을 조금 더 이해했더라면! 소통도 잘 되었을 테고 진심 어린 조언도 받을 수 있었을 테고, 더 나은 평가와 기회가 주어지지 않았을까?' 하고 생각해 본다.

   나이를 먹을수록, 직장생활과 사회 경험이 쌓여갈수록 나의 행동과 가치관에 일정한 틀이 잡히게 된다. 누가 진심 어린 조언과 충고를 하더라도 내 생각과 행동을 잘 바꾸려고 하지 않는다. 반면 다른 사람들에게는 편하게 충고나 조언을 한다. 장기나 바둑을 둘 때, 내가 직접 하면 나의 단점과 실수를 잘 파악하기 어렵지만, 다른 사람들의 경기를 볼 때는 객관적인 시각이 형성되어 훈수를 두려고 하는 것과 비슷하다.

   내가 보는 나의 모습, 전부 객관적으로 평가하기 어렵다. 나를 바깥에서 보는 다른 사람들이 좀 더 객관적으로 나를 바라보고 장단점을 파악하기 쉬울 것이다. 그리고 나에게 충고와 조언을 하는 지인들은 나에 대한 애정이 남다른 사람들이다.

   이 사람들의 평가를 겸허하게 받아들이고 고칠 것은 고쳐야 한다. 이 사람들의 의견과 평가, 그리고 조언에 토를 달지 말자. 그렇게 하면 지금의 나보다 한 단계 더 좋은 사람으로 평가받을 수 있을 것이다.

10

내 생각만 고집해라

- 내가 틀릴 수 있다는 걸 인정하라
- 고정관념을 버리고 변화에 익숙해져라
- 세상은 늘 변한다. 그 사실만 변하지 않는다

초등학교부터 고등학교까지 12년 동안 주입식 교육을 받았다. 교과서에 있는 내용에 대해서 정확하게 잘 알고 있는지를 시험에서 확인하는 시스템이다. 지금 생각해 보면 교과서에 있는 것이 꼭 정답이 아닐 수 있는데도 세상이 책에 있는 대로 예외 없이 움직이는 줄만 알았다.

대학교에 입학하고 나서부터 조금의 자유가 주어지고, 누가 시켜서 하는 것도 여전히 많지만 혼자서 결정해야 하는 일도 늘어났다. 정해진 틀에서 벗어나 내가 하는 결정이 미래의 나의 진로에 영향을 미치게 되는 것을 알게 되었다.

우리나라는 오래전부터 유교문화가 자리 잡고 있어서 내가 어떻게 생활하는 것이 바른 생활과 행동을 하는 것인지에 대부분 답이 정해져 있다. 부모님께 효도하고 나라에 충성하고, 형제간에 우애롭게 잘 지내고… 그래서 대부분의 한국 사람들은 사회 규범과 상식, 고정관념에서 벗어나는 것을 부담스러워한다. 사회 규범을 대체로 잘 지키기도 하지만, 남들의 눈치도 많이 보는 것이다.

매번 치러지는 선거에서 보수와 진보가 비슷한 비율로 맞붙는다. 양강 구도이다. 미국도 다르지 않다. 민주당과 공화당이 매번 대통령 선거에서 박빙으로 치열하게 경쟁한다. 한 나라 안에서 중요하게 생각하는 이슈에 대해 양쪽의 주장이 많이 다르다(다 잘 살자고 하는 건데, 주요 이슈에 대해 정반대의 의견이 많다). 국민의 대부분은 이쪽 정당 아니면 저쪽 정당의 주장과 생각에 동조하고 지지하면서 상대방의 주장에 대해서는 원색적으로 비난하기도 한다.

가만히 생각해 보자. **나는 50%를 점하는 이쪽 정당의 주장을 지지한다. 그러면 반대쪽 정당을 지지하는 50% 생각은 절대적으로 틀린 생각인가?** 10 대 90, 20 대 80 이 정도의 비율이면 다수를 지지하는 쪽의 생각이 맞을 확률이 높다. **그런데 50 대 50에 가까운 박빙의 지지를 보이는 상황에서 어느 쪽 의견이 맞는 것인지? 나의 생각과 다른 나머지 절반의 생각은 잘못된 것인가?**

출처: Pixabay

절반으로 나누어지는 사람들의 생각, 어느 쪽이 맞는 것인지? 1% 내외의 박빙 승부로 정권을 가져갔다고 해서 자기를 선택하지 않은 나머지 절반 국민들의 생각은 무시해도 되는 것일까?

나도 틀릴 수 있다. 그런데 흑백 논리, 2개 중에 하나를 선택하는 것이 세상을 살아가는 데는 편한 방법이다. 그렇지만 국가의 일, 회사의 일, 나에게 중요한 일을 결정할 때는 여러 가지 상황을 다각도로 고려하여 의사결정 하는 것이 바람직하다.

30년 전으로 돌아가 보자. 1990년대만 하더라도 결혼은 필수였다. 아이를 가지는 것도 당연한 일이었고. 몇 명을 낳을 것인가만 고민하면 되었다. 30세가 넘었는데 결혼을 하지 않으면 주위에서 이상하게 보았다. 지금은 30세 이전에 결혼하는 커플도 많지 않지만, 정말 결혼이 선택사항이 되고 있는 상황이다.

2명이 만나서 결혼하는데, 평균 출산율은 1이 되지 않는다. 예전에는 '장사하는 사람이 손해를 보면서 상품을 판매한다. 처녀가 시집가기 싫어한다'가 대표적인 거짓말 중의 하나였는데 후자의 이야기는 더 이상 거짓말로 치부되지 않는 시대에 살고 있다.

세상은 변하고 있다. 예전에 비해서 더욱 빠르게 변한다. 지금의 1년은 과거의 10년 치 변화만큼 속도가 빠르다. **수학공식처럼 변하지 않는 일부분을 제외하고 변하지 않는 것이 없는 것 같다.**

우리나라의 회식이나 음주문화도 많이 바뀌었다. 1993년 직장 새내기로 사회생활을 시작할 때, 월요일부터 토요일까지 주 6일을 일하였다. 토요일은 제외하고 일주일에 5일 대부분을 동료들과 술자리를 하였다. 먼저 일을 끝낸 직원이 직장 근처 식당에서 자리를 잡고 동료들이 오기를 기다린다. 술을 잘 못 먹는 직원은 있었지만 술을 안 먹는 직원은 없었다. 동료애를 느끼고 잘 어울리기 위해서는 술이 꼭 필요하다고 생각하였다.

요즘은 MZ세대뿐만 아니라, 기성세대들도 술을 예전만큼 많이 마시지 않는다. 회식도 2, 3주 전 미리 공지가 되지 않으면 구성원들의 불만이 터진다. 공식 회식시간도 가급적 9시 전에 마치는 것을 권장하고 있다. 2차를 가더라도 프랜차이즈 카페에 가서 아메리카노를 먹는 것을 선호한다. 저녁 9시가 넘어서 큰 카페에 가면 단체 손님들이 많아서 단체석 자리 잡는 것이 쉽지 않다.

나도 한때 술을 많이 먹었다. 2차, 3차 몸을 가누기 힘들 때까지 동료들과 술잔을 기울이곤 했다. 그렇게 술로 어울리는 것이 사회생활을 잘하는 것이라고 생각했다. 술이 약해서 건강에 문제가 있는데도 불구하고 20년 이상 술이 관계 형성에 도움이 된다고 생각해서 나의 한계 이상으로 술을 많이 마셨다.

지금은 술을 마시지 않은 것이 거의 10여 년이 되어간다. 주요 모임과 회식 자리에 참석은 꼭 한다. 술잔을 받고, 멋진 건배사도 한다. 그렇지만 술은 입술에만 댄다. 술을 과하게 먹지 않아도 되는 사회적인 분위기에다, 과음으로 정신과 육체에 문제가 생기는 것을 더 이상 방치하지 않겠다는 결심을 했기 때문이다.

요즘 가끔 후배들과 만나면 핀잔을 듣곤 한다. 형님은 예전에 우리에게 술을 그렇게 권하더니, 왜 지금은 마시지 않느냐고! 나는 이렇게 대답한다. "미안하다. 그때는 내가 많이 어리석었다. 너도 건강 생각해서 조금씩만 먹어!"라고.

지난 30년 동안 회사생활을 하면서, 사회 분위기도 회사의 분위기도 많이 바뀌었다. 예전에는 상사들의 눈치를 많이 보았는데, 요즘에는 오히려 윗사람이 부하직원과 MZ세대 젊은 친구들의 눈치도 많이 본다고 한다.

어느 계층, 어느 세대의 생각과 행동이 옳을까? 다들 자기가 처한 상

황, 그리고 그동안의 경험을 바탕으로 자기의 의사를 표현하고 행동을 한다. 세상은 따라잡기 힘들 만큼 빠르게 변하고 있다. 특정 이슈에 대해 나와 다른 생각을 가진 사람들이 절반이나 주변에 함께하고 있다. 이전의 통념이나 고정관념 중 지금은 맞지 않는 것들이 늘어나고 있다.

 사회생활과 직장생활을 하면서 중요한 것은, 이 시점에서 현재 여러 상황을 고려하여 최선의 결정과 행동을 하는 것이다. 내 생각이 틀릴 수 있다. 세상이 빠르게 변화하고 있다. 그럼에도 불구하고.

3부

슬기로운 가정생활

지난 30년 경험한 직장생활, 우여곡절이 참 많았습니다.
그러나 그 직장생활로 얻은 경제력 덕분에 건강한 가정을 유지하고
지킬 수 있었습니다. 거기에는 부족한 가장을 묵묵하게 서포트해 준
아내가 있었고, 인생의 보람을 느끼게 해준 두 아이도 있었습니다.

2명이 만나서 결혼하는데, 평균 출산율은 1명도 되지 않습니다.
한국의 미래를 생각하면 안타까운 현실입니다.

중, 고등학교 때 한문 수업을 좋아하였습니다. 한글과 달리 한자 하나
하나에 의미가 담겨 있는 것이 신기했고, 각종 사자성어는 쏙쏙 머리에
들어와 세상을 이해하는 데 도움을 주었습니다.

사자성어는 아니지만, '수신제가치국평천하(修身齊家治國平天下)'라는
문장은 여러 번 써보면서 의미를 곱씹어 볼 만하였습니다.
천하를 다스리려면 나부터 다스리고, 그다음 가정을 원만하게
운영을 해야 하느니…

가정이 평안하지 않은데, 세상일을 제대로 할 수 있겠는가?
가정이 원만하지 않은데, 회사 일을 제대로 온전히 할 수 있겠는가?

대과 없이 첫 번째 직장을 잘 마무리했습니다. 하고 싶은 일도 찾아가며 해봤고, 내 이름으로 된 성과도 만들어 보고, 석사·박사 공부도 마쳤습니다. 가정에서 도움이 없었다면 불가능했을 것입니다.

**결혼을 하지 않더라도, 자녀를 낳지 않더라도, 가정생활은 중요합니다.
나의 성장과 발전을 위해서도, 회사의 발전과 이익을 위해서도!**

평범한 대한민국 가장으로서 30년 직장생활을 마무리하면서, '성공적인 가정생활이란?' '가정에서 실패를 적게 할 수 있는 방법은?' '바람직한 전략은 없을까?'에 대해 나의 경험담을 이야기합니다.

현재 솔로라면, 해당되는 이야기만 참조하고, 미래에 배우자를 만나고 자녀를 생각하는 분들은, 전반적인 내용을 읽어보기 바랍니다.

1

평생 친구와
잘 지내려면

가능하면 다른 대안이 없다고 생각하자

2024년 11월에 집사람과 결혼 30주년을 기념하여 제주도에 여행을 다녀왔다. 제주도를 따로 갔다 온 적은 있지만 같이 간 적이 없어서 선택을 했는데, 날씨도 풍경도 음식도 다 좋았다. 20대였던 부부가 같이 산 횟수가 30년이 되었다. 엊그제 결혼식을 올린 것 같은데, 하루하루가 모여서 30년이 지나버린 것이다.

내가 결혼한 30년 전에 비해서 이혼하는 건수와 비중이 늘어나고 있다. 다들 저마다의 상황과 사정이 있을 것이다. 그리고 결혼만큼 이혼도 자연스러운 현상으로 인식되고 있다. 그러나 가능하다면 배우자와 오랫동안 함께하는 것이 여러모로 도움이 된다고 생각한다.

'부부는 평생 친구'라는 이야기를 종종 듣는다. 실제로 그런 부부를 만난 적이 있다. 2006년 카이스트 MBA 과정 중 미국 오하이오주립대학교에서 교환학생으로 공부 중이었는데, 학교에 어학 자원봉사로 나온 캐롤과 앨리슨 부부를 만나게 되었다. 그들은 두 번째 결혼을 하였다. 첫 번째 결혼을 둘이서 한 다음 이혼을 하고 각자 생활을 한 뒤 한 번 더 똑같은 사람과 두 번째 결혼을 한 것이다.

자녀가 없어서 우리 아이들을 친손자, 친손녀처럼 이뻐해 주셨다. 캐롤(여)은 공예 예술가, 앨리슨(남)은 식물학자이면서 우표 전문가였다. 두 분 다 현업에서 은퇴하여, 노년을 즐기면서 봉사활동에서 우리 가족을 만난 것이다.

같은 지역에서 만나, 결혼도 같은 사람과 두 번 하면서 오랜 세월을 함께했으니 평생 친구라 할만하다. 특이한 것은 결혼을 하게 되면 여자가 남편 성을 따라가게 되는데, 두 번째 결혼 이후부터는 캐롤이 자기 성을 써서 부부지만 독립된 개인 성과 이름으로 생활하는 것이 이채로웠다.

한 공간에서 같이 생활하지만, 각자의 사회활동과 취미생활을 존중하고, 그간 쌓인 경험을 행복하게 공유하는 것을 보고, '나도 노년에는 저 부부처럼 아름답게 늙어가면 좋겠다' 하고 생각을 해보았다.

2006년 오하이오 레스토랑에서 나, 캐롤, 앨리슨, 집사람

2007년 한국에 돌아와서도 매주 아이들과 영어 공부를 한다고 하면서 매주 전화통화를 하고, 때마다 영어책, 기념품 등을 챙겨주시곤 하였다. 할아버지 할머니와 손자, 손녀 관계로 지냈었는데, 안타깝게도 몇 년 전 캐롤이 돌아가신 후 연락이 뜸해졌고, 가끔 앨리슨의 페이스북으로 연락을 하고 있는 소중한 미국 친구이다. 아들의 핸드폰에 아직 캐롤의 젊은 시절 사진이 있는 걸 보면 아이들에게도 좋은 추억으로 간직되어 있는 분들이다.

꺾어진 50년, 집사람과 30년이 넘는 결혼생활을 하면서 많은 우여곡절이 있었다. 조강지처라는 말의 의미를, 결혼을 하고 10년이 되기 전까지는 잘 와닿지 않았다. 그러나 직장생활을 하면서 성공과 실패, 가정에서 기쁜 일, 슬픈 일 등을 함께 겪다 보니, 집사람은 부부에서 한 축이라는 의미가 아니라 내 인생에서의 일부분이라고 느껴지고, 그때부터 인생의 동반자로 생각이 되었다.

지금은 술과 담배를 전혀 하지 않지만, 과거에 술로 인하여 집사람에게 많은 상심과 괴로움을 주었다. 거의 매일 먹는 술로 몸은 상하고, 가끔 예상하지 못한 사건사고로 걱정을 끼쳤다. 그때마다 예상되는 것은 요란한 잔소리, 바가지였을 텐데, 집사람은 늘 먼저 내 몸 상태를 걱정해 주었다. 그래서 잔소리가 아닌 진심 어린 걱정이 몇 년 전에 금주하기로 한 계기가 되었다.

드라마의 단골 소재 중 하나는 남편 또는 와이프가 바람을 피워서 일어나는 이야기를 재미있게 그리고 실감 나게 그려서 인기를 얻고는 한다. 혹자는 바람을 피우려면 시간과 재력, 그리고 멘탈이 강해야 한다고도 이야기한다.

그러나 정말 부부관계가 지속되기 힘들 정도로 성격이 맞지 않거나, 한쪽의 심각한 문제로 어려워지는 경우를 제외하고는 **부부관계는 눈가리개를 한 경주마처럼 한눈팔지 않고 서로를 의지하고 이해하며 평생을 함께 가는 것이 맞다고 생각한다.** 즉 결혼을 한 부부는 주변의 다른 남녀에 대해 의식하지 않고, 내 남자는 남편만, 내 여자는 와이프만 있다고 생각하고 가정생활을 유지하는 것이 바람직한 것이 아닐까!

그런 방식이 인생을 살아가는 데 있어, 정서적으로도 맞고 전략적으로도 맞는 것이라고 생각한다. **개인의 일생에 이루고자 하는 일이 너무 많은데, 가정에서 부부가 서로 존중하는 관계를 이어가지 못하고, 다른 이성에게 관심을 갖게 된다면 하고자 하는 일에 전력**

투구하기 힘들 것이다. 그리고 배우자 외에 다른 이성에게 관심을 두게 되면 복잡한 세상에 편안한 마음으로 살아갈 수 있을까?

 따라서 **모름지기 부부관계는 서로를 바라보고 배우자 외에는 다른 대안이 없다는 생각으로 대해야 한다고 믿는다.** 물론 서로에게 과도한 관심은 부담과 구속감을 줄 수 있으므로, 서로를 존중하고 믿는 것으로 신뢰를 바탕에 두고 생활하는 것이 바람직할 것이다.

 30년 이상을 부부로 살면서 크게 느낀 것 중 하나는, 남자와 여자는 같은 인간이지만, 어떤 부분에서는 외계인처럼 나와 다른 생각을 하는 종족이구나 하는 것을 배웠다.

 예를 들어, 쇼핑을 할 때, 남자들은 사야 할 것만 사고 돌아오는 데 반해, 여자들은 굳이 물건을 사지 않아도 아이쇼핑으로 재미있는 시간을 보낸다든지, 남자들이 팩트에만 집중하는 데 반해, 여자들은 배경과 감성에 더 관심이 있어 하는 것 등이다.

 그래서 부부가 같이 생활하면서 모든 의사결정을 할 때, 저 사람도 나와 같은 생각이겠지 하는 것은 좋지 않은 생각이다. **남자 입장과 여자 입장에서의 생각이 서로 판단하는 배경과 기준이 분명히 다를 수 있기 때문이다.**

 중요하지 않은 일상의 결정들에서는 내가 잘 아는 분야, 집사람이 잘 아는 분야를 나누어 의견이 충돌할 때, 서로의 전문 분야를 존중하려고 노력한다. 집의 인테리어나 옷을 구매할 때는 미술을 전공한 집사람의 의견을 전적으로 따른다. 자산의 재테크는 금융전문가인 나의 의견을 많이 참고하는 식이다.

그리고 집안의 중요한 문제는 심도 있게 서로 상의한다. 가령 집을 구매한다는지, 자녀의 진로 상의를 한다든지 하는 것들은 시간을 두고 상의하는 편이다. 이때에도 서로가 생각할 때 누가 그 분야에 있어 더 전문성이 있는지를 판단해서 의견의 비중을 높이 쳐주는 식으로 의견을 조율한다.

지금까지 그래왔듯이 남은 인생도 평생 친구와 잘 지내려면, 배우자 외에는 다른 대안이 없다는 생각으로, 경주마가 눈 옆에 가리개를 하고 경주에 임하는 것처럼 다른 이성에는 이성적 관심을 두지 않을 것이다.

오랜 시간을 같이 해왔지만, 때로는 '나와 다른 생각을 가지고 또 함께할 수 있는 소중한 하나의 인격체이다'라는 생각으로 상대방을 대해야 한다.

그리고 큰 기계에서 작은 톱니바퀴, 큰 톱니바퀴가 서로의 들어간 부분, 나온 부분이 맞물려서 돌아가듯이,
똑같이 힘들게 느껴져도 누가 더 힘든 상황인지, 누가 더 양보해야

할 상황인지를 현명하게 판단해서 사안별로 결정을 하게 되면,
 평생 친구인 배우자와 기쁜 일, 슬픈 일을 함께하며 인생의 후반전을 재미있고 보람 있게 살아갈 수 있을 것이다.

출처: Pixabay

2

멋진 아들, 이쁜 딸과 잘 지내려면

적당한 거리를 두고, 믿음을 주어라

토마스 힐란드 에릭센은 책 《인생의 의미》에서 "자녀는 우리가 누구인지, 우리가 함께 만들어 가는 삶은 어떤지에 대해 긴 대화를 나눌 수 있는 대상이다. 아이들은 어른에게 의존하지만 어른도 아이들에게 의존한다. 아이들로 인해 어른은 삶의 취약성과 잠재력을 깨달을 수 있기 때문이다."라고 이야기하였다.

세상에서 제일 힘든 것이 부모 노릇, 자식 키우기라고 하는데, 이제 성인이 된 자식을 키워보니 너무 공감되는 말이다.

보통 아이들이 사춘기에 접어들고 관계가 서먹서먹해졌을 때, 그리고 대학 입시를 준비할 때, 부모님은 그때 나에게 어떻게 대했었지? 하고 예전의 기억을 되짚어 보게 된다. 그런데 변하지 않는 팩트는 나의 부모님도 그때 예행연습 없이 부모 역할을 했던 것이고, 나도 마찬가지로 사전 준비 없이 부모 역할을 하고 있는 것이다.

자녀교육에서 가장 큰 비중을 차지하는 것이 과거 부모님으로부터 받은 가르침이다. 딱히 삶을 살아갈 때, '이렇게 해라, 저렇게 해라' 하고 정식으로 교육을 한 것은 아니지만 부모님 밑에서 자라오면서 부모님이 어떻게 하는지를 지켜봐 왔기 때문에 그것이 산교육이 된 것이다.

그래서 예전 어르신들이 결혼할 배우자를 인사시키면 '부모님은 뭐 하시나?' 하고 물어보던 것을 이제는 경험적으로도 당연하게 받아들이며 이해가 되는 나이가 되었다. 나도 아이들이 결혼할 배우자를 데리고 오기 전에 물어볼 것 같다. **'너의 남자친구(여자친구)는 어떤 사람이니? 그리고 부모님은 어떤 분이시니?'** 하고.

중, 고등학교 시절에 나의 아버지는 개천에서 용이 나는 기사가 신문에 나오면 말없이 그것을 오려서 책상에 올려두곤 하셨다. 특별한 말씀은 따로 안 하셨다. 그 기사에 아버지가 하고 싶은 말들이 자세히 적혀 있었으니까.

반면 어머니는 특별한 말씀 없이 항상 "우리 장남은 잘될 거야." 하고 격려의 말씀과 믿음의 자세만 보여주셨다. 두 분 '다 이렇게 살아라,

저렇게 살아라' 하고 이야기는 하지 않았지만, 두 분이 맞벌이를 하면서 열심히 생활하는 모습과 나에게 무한응원을 해주시는 것을 보고 '나도 나중에 자식을 낳으면 이렇게 자녀교육을 해야겠구나' 하고 생각했었다.

결론부터 이야기하면, **문제가 있다고 판단이 되면 적극적으로 방법을 모색해야 한다.** 주변에 비슷한 문제를 극복한 또래 또는 선배 학부모에게 조언을 구해본다. 전문 상담기관을 방문하여 상담해 보고, 인생 선배들에게도 조언을 구해보는 등 여러 가지 가능한 방법을 알아보고 실행해 봐야 한다.

나는 아들과 딸이 한 명씩 있다. 아들만 있거나 딸만 있거나 하는 집보다 나는 아들과 딸이 모두 있어 행복한 아빠다. 성별이 다른 자녀를 같이 키우다 보니, 남자아이와 여자아이가 성격을 포함하여 여러 가지가 다르다는 것을 경험한다.

출처: Pixabay

확연하게 구별할 수 있는 것은 표현방법이다. 아무리 감수성이 뛰어난 남자아이라도 집에 오면 말수가 많지 않다. 그러나 대부분의 여자아이들은 밖에서 그리 중요한 일이 있지 않았더라도 집에 오면 소소한 일상을 맛깔스럽게 이야기한다. 그래서 보통 아들보다 딸이 집에 있으면 집안 분위기가 훈훈해진다.

 모든 것이 처음인 첫째 아들과 마찰이 크게 일어나는 시기는 대학 입시가 본격적으로 준비되는 고등학교 때였다. 그전까지는 일이 바쁘다는 핑계로, 아들이 아픈 상황이 아니면 그다지 신경을 쓰지 못했다. 그러나 대학교를 결정해야 하는 시기가 다가올수록 나도 아내도 같이 대학 진학의 부담을 느끼며, 아들과도 부딪히게 되었다.

 조금 더 일찍부터 신경을 썼더라면 하는 마음이 있지만, 인생이 100% 준비를 하면서 살아지는가?

 그동안에는 그냥 건강하기만 하면 된다. 이런 생각으로 지내다가 막상 성적으로 갈 수 있는 대학교의 범위가 좁아지고, 거기에다 부모인 나보다는 더 좋게 성공하기를 바라는 부모의 마음에 아쉬움도 생겨 잔소리가 늘어나게 된다. 지금 그때로 돌아간다면 좀 더 미리 신경을 쓰고 준비를 했을 텐데 하는 아쉬움이 있다.

 아들이 이야기로 부담스러워하면 메모지에 '아빠는 네가 잘되기를 바라는 마음에서 이렇게 했으면 좋겠다' 하는 글도 남겨보고, 카톡으로도 마음의 이야기를 전달해 보고, 그리고 예전 나의 아버지가 그랬던 것처럼 '개천에서 용이 나는 신문기사'를 전달해 보기도 한다.

그러나 갑작스러운 아빠의 관심에 대부분의 말수 적고 무뚝뚝한 고등학교 남자아이들은 별 반응이 없다. 그러면 아빠 입장에서는 초조해지고 무리수를 두게 된다.

가만히 있는 아들에게 화를 내고 큰소리를 치게 된다. 가장 나쁜 방법이다. 나의 경우도 위와 같은 과정을 거쳐 아들이 잘되기를 바라지만 관계는 더 나빠지고 대화의 단절 기간도 길어지게 되었다.

그때 업무 관계로 만난 유명 교회의 장로님에게 답답한 마음에 내뱉듯이 내 사정을 이야기하였다. 70이 훌쩍 넘은 장로님은 내게, "부모 역할은 쉬운 게 아니야. 그냥 다가서서 내 이야기와 주장만 하는 것은 상황을 악화시키는 경우가 많지. 적당한 거리와 시간을 조절할 필요가 있어. 그리고 아들을 믿어줘야 해!"라고 조언을 해주셨다.

나는 아들의 진로 결정이 급하고, 아들이 잘되기 위해서는 내 경험에 비추어 이렇게 해야만 하는 것 같은데, 적당한 거리를 두고 시간을 조절하라니, 처음에는 선뜻 이해가 되지 않았다. 그러나 당장 뾰족한 방법도 없어서 그렇게 따라보기로 하였다.

당장 아들에게 이야기하는 횟수와 양을 줄이고, 아주 가끔 한 달에 한 번 정도 "공부는 잘 되어가니? 뭐 필요한 거는 없고? 필요한 거 있으면 아빠에게 이야기해 줘!" 하고 절제된 표현으로 아빠의 간절한 마음을 전달하였다.

그랬더니, 나와 아들의 관계에 기적이 일어났다. 그렇게 두 달, 세 달이 지나니 아들이 다가와서 "아빠 이렇게 하려고 하는데 어떻게 생각하세요? 아빠 이런 게 필요한데 지원해 주세요!" 하고 이야기하는 것이다. 적당한 거리와 시간을 조절하니 원하는 관계 형성이 되는 것이다(나의 속마음은 매일 아들에게 살갑게 이야기하고 다가서고 싶은데 그러면 반대로 부담이 되고 원하지 않은 관계가 되어버린다).

한 번은 아들이 카드에 'Trust and Wait!(믿어주고 기다려 주세요!)'라는 문구를 적어 나에게 건넸다. 본인은 알아서 열심히 하고 있으니 믿고 기다려 달라는 거였다. 부모는 자식이 나보다 잘되기를 바라고 또 마음이 급하지만, 자녀들도 최선을 다하고 있다는 것을 알아야겠다.

그 이후로 지금까지 나는 동일한 스탠스로 아들을 대하고 있다. 대학생활은 잘 되고 있니? 군 생활을 하고 있는 동안은, "장교생활이 쉽지는 않지? 어려운 것 있으면 아빠에게 이야기해!" 하고 가끔 이야기를 전했다. 그러면서 자연스럽고 유기적인 부자관계가 이어지는 것이다.

나의 속마음은 아들에게 하고 싶은 이야기도 많고 잘되라고 조언도 많이 하고 싶은데, 그런 것을 절제하고 조절할수록 그리고 적당한 거리를 유지할수록 관계가 좋아지니, **부자 사이가 원만하지 않은 아빠들은 공식처럼 적용해 볼 것을 권한다. '적당한 거리와 시간 조절하기!'**

딸들은 아들에 비해 일반적으로 자기 의사표현을 뚜렷하게 하는 편이다. 나의 이쁜 딸은 고등학교 2학년 겨울방학이 시작될 때 "아빠 체육으로 대학을 가고 싶어. 체육학원에 등록하고 싶어." 하고 이야기를 했다. 너무 당황스러웠다.

대학 입시는 1년밖에 남지 않은 시기에 체육학과에 진학하겠다고 하니. 자기 생각에는 공부는 생각만큼 잘 안되고, 단거리 달리기는 학교 내에서 교내 대표를 할 정도이니 체육으로 대학교를 가보겠다고 하는 거다.

오랜 사회생활을 경험한 나로서는 선뜻 "오케이"라는 말이 나오지 않았다. 설령 체육학과에 입학을 하더라도 대학생활이 만만하지 않을 터이고, 엘리트 체육을 전공하는 학생들에 비해 전망도 불투명한 것이 눈에 보이는데, 쉽게 허락할 수가 없었다. 그러나 고심 끝에 미래에 대한 뚜렷한 비전 없이 그냥 점수에 맞는 대학교를 선택하는 아이들보다 그래도 자기 생각을 가지고 주장하는 딸의 선택을 존중해 주기로 하였다.

딸은 방과 후에 체육학원을 열심히 다녔다. 평소에 안 하던 운동을 매일 무리하게 하다 보니 병원도 가고, 진통제도 먹어가며 체대 입시를 준비하였다. 그러나 내리 3년을 준비하는 또래 아이들에 비해 성과가 나타나지 않았고, 제대로 체대 실기도 치러보지 못하였다. 결국 실내디자인과에 진학하였다.

후회 없이 하고 싶은 체대 입시를 부모의 지원 하에 열심히 도전해 봐서 그런지, 대학교에 들어가서는 정말 열심히 생활하였다. 말레이시아 교환학생으로 한 학기, 호주에 어학연수 2개월, 일본 연수 등 모두 학교 지원으로 선발되었고, 다양한 경험을 하며 성공적으로 졸업을 하였다.

지금은 미국 뉴저지주에서 3년째 회사생활 중인데, 무엇이든 열심히 도전하는 딸의 모습이 항상 자랑스럽게 느껴진다. 대학 입시를 준비할 때 딸의 의견에 반대하지 않고 딸을 믿어주고 지원해 주었던 것은 좋은 결정이었다고 생각한다.

자녀와 잘 지내려면, 적당한 거리, 절제력 있는 말과 적정한 횟수, 그리고 믿음을 보여주는 것이 중요하다는 것을 경험하였다.
앞으로도 이런 노력을 계속할 생각이다.

3

{ 부모님, 형제, 식구들과
잘 지내려면 }

역할에 충실하자
내 식구처럼 잘 챙기자

   1994년에 결혼해서 30년 넘게 결혼생활을 이어오고 있다. 결혼 후 매년 공식적으로 네 번 부산 본가를 방문한다. 명절 두 번, 부모님 생신 두 번이다. 집사람이 둘째를 임신했을 때는 두 살배기 아들만 데리고 비행기를 타고 부산에 다녀왔다. 집사람의 임신으로 본가에 가지 않을 수도 있었지만, 집안의 장남이 명절에 없으면 섭섭해할 부모님 얼굴을 떠올리면서 다녀왔다.

   전화상으로는 "뭐 하러 오노, 굳이 안 와도 된다."라고 말씀하셨지만, 손자인 아들을 데리고 부모님 집에 방문하니 두 분이 환하게 웃어주시던 모습은 지금도 기억이 선하다.

예전에 살던 집에는 마당에 우물이 있었다. 어느 날 새벽에 조금 일찍 일어나서 마당에 나가보니 어머니가 우물 앞에서 물 한 그릇(정화수)을 올려놓고, 연신 절을 하고 계신다. 영화나 드라마에서만 보던 모습이었는데, 나의 어머니가 가족의 건강과 행복을 빌면서 기도를 하시는 거다.

그동안 왜 그걸 못 봤을까! 어쨌든 그 뒤부터는 안 풀리던 어려운 일들이 이상하게 잘 해결되거나 좋은 일이 생기면, 부처님, 예수님 덕분이 아니고 부모님이 잘되라고 기도해 주셔서 그렇게 되었다고 믿고 있다.

평생을 자식 걱정만 하는 부모님, 언제나 자식에게는 성인군자 그리고 완벽한 존재 같지만, 연약한 하나의 인간이라는 것을 알고 느끼게 된다. 때로는 섭섭해하고, 갑자기 화를 내기도 하는 평범한 사람인 것이다.

나이가 들어갈수록 감정이 더 풍부해지고, 표현도 많아지기 때문에 **'내 엄마니까, 아버지이니까'라고 넘어갈 것이 아니라 챙겨야 할 것은 빠지지 않게 챙기는 것이 좋다.**

따라서 부모님의 생신은 당연히 방문하고, 기념일이나 집안 행사는 꼭 챙긴다. 매월 소정의 용돈도 부쳐드린다. 안부전화도 주기적으로 한다. 서울과 부산의 물리적인 거리가 500킬로미터가 넘어서 자주 가

뵙지는 못하지만, 소소한 일상 이야기를 전화로 전달한다. 가급적 작은 일이어도 좋은 일 위주로 말씀드리게 된다. 수화기 너머로 들리는 부모님의 환한 얼굴이 상상이 되어 기분이 좋아진다.

부모님처럼 나도 부모가 된 지 30년이 가까워진다. 자식이면서 부모이기도 하다. 때로는 내가 아이들에게 섭섭한 부분이 생기는데, 그런 일을 내가 나의 부모님에게 똑같이 하는 것은 아닌지 고민해 보고, 그렇게 하지 않으려고 노력해 본다. 나도 자식이지만 부모이기에 가능한 일이다.

나에게는 피를 나눈 형제가 2명 있다. 3년 터울로 남동생, 그 아래로 3년 아래의 막내 여동생이 있다. 둘 다 50을 넘는 나이여서 이젠 같이 늙어가는 처지이다. 둘 다 솔로로 부모님 인근에 살고 있다. 부모님 입장에서는 나이가 들어서 혼자 사는 것이 못마땅해 보일 수 있는데, 동생들이 부모님 옆에 살아서 멀리 사는 나로서는 세상 누구보다도 든든한 마음이다.

출처: Pixabay

우리 남매는 내가 1991년 장교로 군에 입대한 이후, 형제간이지만 자주 볼 시간이 없었다. 기껏해야 1년에 네 번 정도. 그러다 보니 형님, 오빠로서 살갑게 챙겨주지 못해서 늘 안타까운 마음이다. 그래도 꿋꿋하게 사회생활을 해나가고 제 몫을 해주고 있어서 뿌듯하다.

직접 만나는 시간이 적다 보니 주로 카톡이나 메신저 등으로 연락을 한다. 최근에 읽은 책 중에서 동생들이 읽어서 좋은 책은 우편으로 보내고, 내용을 요약해서 사진으로 찍어 보내기도 한다. 이러한 소통의 도구가 있는 것이 너무 고맙고 다행스러운 일이다. 최근에는 아버지의 건강이 조금 나빠지셨는데 그런 일들과 소소한 일상을 공유하고 있다.

먼 거리에 살다 보니 장점도 있다. 가까이에서 직접 만나서 소통을 하다 보면 연장자인 장남의 의견과 발언권이 더 크게 적용되거나 받아들여질 수도 있는데, **전화 또는 메신저로 소통하다 보니 동생들의 발언과 나의 발언권의 무게가 비슷해지는 느낌이어서 오히려 더 마음이 편안해지기도 한다.**

서로 동일한 비중으로 커뮤니케이션을 하다 보니 민주적인 의사결정이 되어서 좋고, 동생이 아닌 동등한 인격체의 비중으로 인정되어 소통하니 부담 없는 친구가 되고 있는 것 같아 좋다.

결혼을 하고 장인, 장모님이 살아 계실 때에는 처갓집 식구들과의 각종 모임이 많았다. 멀리 떨어져 있는 본가보다, 차로 30분 거리에 있는 처가의 대소사에 자연스럽게 참석하게 되었다.

어른들의 생신뿐만 아니라 처가 식구들의 각 생일, 그리고 애경사가 있으면 축하와 위로를 하는 자리가 많았다. 그래서 본가인 부산보다 처가인 수원의 지리가 더 익숙하게 되었다. 아버지가 3대 독자이다 보니 어릴 때부터 명절에도 우리 가족만의 행사만 있었는데, 처갓집은 큰집, 작은집 많은 식구들이 있고 서로 화목하게 여러 행사를 함께하는 것이 처음에는 낯설었지만, 좋게 보였다.

그러나 장인, 장모님이 돌아가신 이후에는 급격하게 처가 식구들과 모이는 횟수가 줄어들더니, 큰 행사가 없으면 잘 모이지 않게 되어 아쉽다. 아이들도 다 성인이 되었고 서로들 일상이 바쁘다 보니 일정 잡기가 쉽지 않은 탓이다.

처갓집 식구들과 잘 지내려면, 무엇보다도 먼저 아내에게 잘하면 된다. 처가 식구들의 가장 큰 관심은 '집사람이 어떻게 잘 지내는가?'이니까!

둘째, **기계적이고 형식적인 면이 있더라도 꾸준하게 집안의 여러 행사에 참여하고, 성의를 표하는 것이다.** 명절이면 예외 없이 과일 상자를 처가 식구들에게 보내는데, 이때만이라도 이러저러하게 전화통화도 하고 안부를 묻게 되어 좋다.

그리고 처가 집안에 좋은 일이 생기면 먼저 모이자고 아내에게 이야기를 한다. 세상이 바빠지고 각자의 가정일이 제일 관심사이다 보니, 누가 먼저 모이자고 이야기하는 경우가 많지 않다. 이때, 내가 먼저 모이자고 아내에게 이야기해 보자. 그럼 아내가 환하게 미소를 짓고 처가 식구들에게 큰 소리로 모이자고 이야기할 것이다.

무엇보다도 자주 모여야 한다. 그렇지 않으면 동네, 옆집 이웃보다 못한 사이가 될 수 있다. 대학교에 들어가는 조카 축하한다고, 군대 제대했다고 모이고. 처남 생일도 축하해 주고, 우리 집에 소소한 축하거리가 있으면 한턱내겠다고 모이자고 하고… 그렇게 **자꾸 직접 얼굴을 맞대고 모이는 자리를 만들어야 돈독한 관계가 잘 유지된다.**

나는 한 집안의 가장이고, 본가에서는 장남, 형님 그리고 오빠이다. 그 역할에 충실하려고 노력한다. 처가 식구들에게는 하 서방으로 불리운다. 처가 식구들을 내 식구처럼 대하고 자주 만날 수 있는 건수를 만든다. 그렇게 **나에게 주어진 역할을 충실하게 하는 것이 내 가족, 처가 식구들과 잘 지내는 방법이다.**

4

성공담과
실패담

⋮

가장 vs 구성원

  지금도 그렇지만, 언제나 매일이 처음이다. 결혼생활 초창기, 부모로서의 초창기는 지금 생각하면 흑역사도 있었지만, 옛날 사진을 보면 행복감이 묻어 있는 것을 본다.

  지난 시간을 돌아보면, 먼저, 아내에게 미안한 점이 많다.

  둘이 서로 다른 환경에서 자라 하나의 가정을 꾸려 나가려면 서로를 이해하면서 지냈어야 하는데, 가장이라는 무게감, 권위감이 있었다. 무엇보다도 여자의 감성과 성향을 이해하지 못하였다. 당연히 나와 같은 생각이겠지 하고 의견을 물어보지 않거나 무시했던 적이 많았는데,

반성이 많이 된다. 지금은 나 스스로도 많이 바뀌었다고 생각하는데, 아내도 동의할까? 미안했어, 여보.

시집을 와서 맏며느리로서 묵묵하게 역할을 잘 해준 집사람이 너무 고맙다. 그런데 아내에게 이야기하지 않고 부모님께 용돈을 드리거나, 동생들을 도와준 것을 아무렇지 않게 생각했었는데, 반성을 한다.

내가 집안의 경제를 책임지는 가장이지만, 자금의 소요처, 특히 나의 본가 즉 집사람의 시댁에 쓰이는 씀씀이는 공유하는 게 맞다. 언제부터인가 100% 내용을 공유하고 있다. 그때 섭섭했다면 이해하고 용서해 줘, 여보.

지금은 나이가 들어가며 많이 둥글둥글해졌지만, 아이들이 유년기를 지나 청소년기를 지나갈 때 잘못을 많이 한 것 같다. 특히 나보다 잘되기를 바라는 마음에, 내가 정한 기준에 못 미칠 때 질책하고 큰 소리로 화를 내었던 것에 반성한다. 애들아, 미안했어. **아빠도 초보 아빠였기 때문에 잘하려고 하다 보니 그랬어. 지금은 그렇지 않잖아!**

지금은 어떤 일을 할 때, 아이들의 의견을 먼저 물어보는데, 예전에는 그러지 못하였다. 내가 생각할 때 맞다고 생각이 되면 일방통행으로 지시를 많이 했다. 직장 동료들과는 조심해서 소통을 하고 관계를 잘 유지하려고 노력했는데, 그런 노력이 아이들과의 관계에서는 부족하였다.

그러다 보니, 서먹서먹해지고 소통의 기회도 줄어들었다. **일방통행의 의사소통 미안했다. 지금도 완벽하지는 않지만, 많이 들으려고 노력하는 거 알지?**

가정생활에서 잘한 점, 평상시에는 생각해 본 적이 없는 주제이다.

그래도 원만하게 가정생활을 잘 꾸려온 걸 보면, 내가 운이 좋은 걸 느낀다. 먼저 배려심 많은 배우자를 만났고, 착한 아이들이 나에게 태어나 주었기 때문이리라.

30년의 결혼생활, 가정생활이 처음부터 유기적으로 잘 돌아간 것은 아니다. **그러나 때로는 반복되는 실패의 원인을 파악하고 고치려고 했던 점은 좋게 생각한다.** 담배를 먼저 끊은 지 20년이 넘고, 몸에 맞지 않아서 사고가 자주 발생하는 술을 먹지 않은 것은 10년이 다 되어간다. 그러면서 가족의 걱정을 덜어준 것은 제일 잘한 것 중의 하나라고 생각한다.

출처: Pixabay

아이들에게 "공부해라, 공부해라!" 이야기하는 것보다 공부하는 모습을 보여주었다. 열심히 자기개발을 하고 카이스트 MBA 과정에 입학하여 1년간 미국에서 가족이 같이 생활했던 것은 가족의 소중한 추억이다.

박사논문을 준비하면서 매일 새벽까지 컴퓨터로 논문을 작성하는 모습은 아빠의 또 다른 좋은 모습으로 기억되었을 것이다. 현재 대학교에서 겸임교수로 강의하는 모습도 가족에게는 뿌듯한 모습으로 보이겠지!

초보 가장, 초보 남편, 초보 아빠로 좌충우돌하면서 지내왔지만, **좋은 것은 계속 지켜나가고 잘못된 일은 수정하거나 없앰으로써 좋은 변화를 이어가려고 노력하였다.** 그 노력은 계속하여 진행될 것이다.

아직도 가장이라는 위치가 바뀌지는 않았지만, 가정의 구성원 중의 일원으로서 동등한 지위도 생각하게 되었다. **가정을 꾸려나가는 공동의 수장인 배우자로서, 일방통행식의 의사전달자인 아버지의 모습보다는 친구처럼 다가서는 친근한 아빠의 모습으로 계속 남고 싶다.**

5

건강한 가족관계란

주기적인 이벤트를 만들자

  가족은 본인의 선택보다 혈연관계에 의해 선택되어지는 관계이다 보니, 직장생활, 사회생활에서 비하여 관계에 집중하는 정도가 다소 떨어지는 것이 일반적이다.

  직장생활을 1년 단위로 보면, 봄가을에 부서 단위 야유회가 있고, 월중 행사로 부서 회식이 있고, 매월 부서원 생일자가 있으면 케이크를 사서 조촐한 생일자 파티를 하기도 한다. 연말이면 내년도 사업계획을 미리 작성하고, 연초에는 1년 동안의 성과를 포상하고 리뷰하는 시간을 가진다.

직장생활을 10년 이상 하다 보면, 이맘때쯤이면 어떤 행사가 있겠구나, 하고 쉽게 예상을 하게 된다.

그런 상황에 비해, 가정생활은 어떤가? 강제적이고 꼭 해야 하는 행사는 하나도 없다. 일반적인 직장인인 경우, 하루 종일 직장에서 대부분의 시간을 보내고 녹초가 되어서 퇴근을 하다 보니, 주중에는 집을 쉬는 공간으로 인식하는 경우가 많다.

자녀교육도 나 대신 배우자가 알아서 하겠지, 가족 내 경조사도 알아서 다 챙기겠지 하면서 떠넘기기도 하고, 무턱대고 그냥 믿기도 한다.

회사에서는 조직적, 체계적으로 발생할 수 있는 일을 서로 체크하면서 운영이 되고 있다. 영업부서, 본부부서로 나누고, 실적추진부서, 리스크관리부서 등등으로 나눈다. 그리고 직급별로 책임을 분산하고, 유기적으로 매시간, 매일, 분기, 1년을 보내게 된다.

가정에서는 부모, 자녀관계를 기본으로 부부의 부모, 형제자매 등으로 관계가 형성된다. 관계는 명확하고 심플한데, 주어지는 또는 해야 하는 일은 명확하지가 않다. 시대를 거슬러 올라가서 조선시대만 해도, 아버지의 역할, 어머니의 역할, 자녀의 역할 등이 명확하고 서로의 본분을 지키는 것이 사회적 규범이고 이를 벗어나면 지탄받았다.

회사 초년생이었을 때에는 부서에서 주기적인 회식을 하고, 봄가을로 야유회를 가고, 매년 말에 내년도 사업계획 작성하는 것을 꼭 해야 하는 건지 의문도 들고 불편했었다. 그런데 직장생활을 30년 해보니, 숨 가쁘게 시작하고 몇 달이 지나 심신이 느슨해진 봄철에 야유회를 가서 직원 간 친목을 도모하고, 무더운 여름을 지나 가을에 단합을 통한 하반기 실적증대 이벤트가 필요하게 느껴진다.

그리고 매년 연말에 작성하는 사업계획은 '내년도는 유례없는 경기 불확실성이 예상되는데~'로 시작하고 전년도 사업계획에서 크게 벗어나지 않는 내용이 작성된다. 그럼에도 불구하고 한해를 돌아보고 내년을 준비하는 루틴은 꼭 필요해 보인다.

회사의 연중 일정이 타이트하게 짜이고 실행해야 하는 것들이 많은 반면, 가정생활에서는 강제적인 일정과 절차가 없다. 하면 좋고, 바빠서 못하면 그냥 넘어가는 거다. 물론 명절에 차례를 지내거나 고향을 방문하는 것은 대부분 지키지만, 세월이 지나면서 이마저도 점점 매번 지키는 사람들이 줄어들고 있다. 가족 생일 챙기는 일은 깜박하고 넘어가면 섭섭한 일이지만, 특별히 문제될 것은 아니라고 생각한다.

가정생활에서도 회사가 연중 일정을 주욱 실행하는 것처럼, 가정에서도 연중 이벤트를 정하고, 지켜내면 어떨까?

먼저, **가족 구성원의 생일, 결혼기념일, 배우자 부모님 생일, 기일 등 꼭 챙겨야 할 날은 캘린더 앱에 등록한다.** 일주일 전에 메일이나 메시지가 오고 하루 이틀 전에 다시 알람이 와서 챙기기 좋다. 음력으로 등록하면 양력으로 전환하여 매년 알려준다. 이런 일은 기계적으로 등록하고 자동적으로 선물하고, 전화하고 챙기는 것이 좋다. 기본이다.

 둘째, **1년에 한 번은 가족여행을 하고, 매월 한 번은 가족 전원이 모이는 외식을, 연말에는 모여서 차분하게 내년도 가족의 중요 이벤트를 계획해 본다.**

 자녀들이 어릴 때에는, 주말마다 빠지지 않고 근교에 나가 사진도 찍고, 도시락을 맛나게 먹으며 재미있는 시간을 가졌었다. 그러나 고등학교, 대학교를 거치면서 자기 자신들의 시간에 집중하다 보니 함께할 시간이 적어진다.

 그래서 **의식적으로 또 기계적으로라도 함께할 수 있는 시간을 만들어야 한다.**

 연중 한 번은 가족여행을 계획한다. 성인이 된 아이들에게 두세 달 전부터 시간을 조율한다. 휴가를 내어 주중에 가면 교통, 숙박도 편하지만, 바쁜 자녀들에 맞추다 보니 주말여행이 되기가 쉽다. **꼭 남들이 선호하는 곳이 아니어도 함께 있고 이야기를 나누는 시간만큼 행복해진다.**

출처: Pixabay

아내와는 거의 매주 주말을 함께한다. 미리 정해진 외부 일정이나 약속이 없는 경우 패턴이 일정하다. 오전에 일어나면 서로의 일상을 시작한다. 나는 책을 보거나 학교 수업 준비를 한다. 부지런한 집사람은 집 안 청소를 하고 아침을 준비한다.

그리고 가까운 수원 화성을 가거나, 근교 저수지, 집에서 가까운 한 두 시간 거리의 장소에서 산책을 한다. 그리고 나는 아이스 아메리카노, 집사람은 따뜻한 카페라테를 한 잔 마신다. 산책을 하면서 이러저러한 일상을 이야기한다.

셋째, 소소한 가족 구성원들의 성공이나, 이벤트를 챙기고 축하해 준다. 장학금을 받는다든지, 공모전에서 수상을 한다든지, 1등이 꼭 아니어도 축하해 줄 일이 있으면 모여서 식사를 하고 축하를 해준다. 말로만 하는 것보다 소정의 축하금이나 선물을 주면 분위기가 더 좋아진다.

지금은 아들과 딸 모두 대학교를 졸업하였지만, 장학금을 타면 격려금 100만 원, 섭섭해할 나머지 아이는 열심히 하라는 의미로 부모 장학금(격려금) 50만 원 포상을 해주었다.

스코틀랜드 속담에 '나쁜 날씨는 없다. 맞지 않는 옷이 있을 뿐이다' 라는 말이 있다. 아내는 주말에 일어나면 항상 하는 말이 "오늘 날씨 참 좋다."이다. 비가 와도, 추워도, 더워도 날씨가 좋다고 한다. 함께 오롯이 나누고 싶은 시간을 만드는 것이 좋다는 것이다.

가정생활에서도, 회사생활처럼 기계적이고 꼭 해야 하는 일정들을 만들고 공유하고 실행해 보자. 함께하는 시간이 늘어나는 만큼 가족의 추억도 늘어난다.

그리고 주말에는 날씨가 어떻든 밖으로 나가서 배우자와 이야기를 나누어 보자.

6

인생에서
100% 만족은 없다

건강한 차선을 선택하자

'건강한 차선'은 내가 만들어 낸 말이다. 항상 최선을 추구하지만 여러 여건상 첫 번째 목표가 이루어지지 않으면, 그다음의 최선이 '차선'이 되는 것이고, **실행을 전제로 한다면 그것이 현재의 최선이고, '건강한 차선'이 되는 것이다.**

주어진 여건에서 100% 만족하는 일들은 일어날까 말까 한다. **2%~10% 부족하지만 현 상황에서의 최선, 그리고 그 실행을 하기 위한 최선, 그것이 '건강한 차선'이고 나는 그것을 꾸준히 추구해 왔다.**

내가 사회에 첫발을 내디딘 30년 전 사회와 지금을 비교해 보면, 정말 많은 것이 바뀌었고, 확연한 차이를 느낄 수 있다. 핸드폰을 필두로 각종 IT의 눈부신 발전이 있다. 이제 은행에서 전산 즉 IT가 멈추면 할 수 있는 업무가 거의 없을 정도다.

거기에다 뚜렷하게 체감하는 것 중 하나는 결혼생활의 변화이다.
가수 김연자가 노래한 가사 중 '연애는 필수, 결혼은 선택'이라는 말이 나오는데, 공감이 되는 문장이다. 결혼을 하지 않고 동거를 하거나, 결혼을 해도 아이를 낳지 않고, 반려견과 반려묘를 키우는 경우를 흔히 볼 수 있다. 내가 1994년에 결혼할 때만 하여도 30세가 지났는데도 결혼을 하지 않으면 비정상으로 취급하곤 하였다. 그래서 결혼할 이유를 찾는 것이 아니라 언제 누구와 결혼할까만 고민하던 시기였다.

요즘은 결혼을 하지 않거나, 하더라도 시기가 늦어지는 데에는 생각의 차이가 있는 것 같다. 예전의 기성세대는 결혼 상대방이 정해지면, 일단 결혼을 하였다. 부족한 것은 살면서 채우면 되지, 하면서… 나도 16평의 조그만 전셋집, 화장실에 들어가면 양팔을 펼칠 수도 없는 작은 집에서 신혼생활을 시작하였다. 그러나 지금은 기본적인 주거생활 환경과 경제자립도가 조금은 갖춰줘야 결혼을 하는 것이 일반적인 것으로 보인다.

전셋집이라도 있어야 하고, 이것도 저것도 기본적으로 필요하고… 외형적으로 갖출 것은 해놓아야 비로소 결혼 준비가 되는 것으로 생각한다. 그러나 무엇보다도 근본적인 차이점은 '라테는(나 때는…)' 결혼할 배우자를 정하면 결혼을 하고, 이후 발생하는 문제점들은 살면서 해결하면 되지, 하는 생각이 일반적이었다.

지금 세대는 결혼하기 전부터 5년 뒤, 10년 뒤, 20년 뒤에 일어날 문제점까지 미리 파악해 보고 그것들이 지금 예상하건대, 해결하기 쉽지 않을 것으로 판단되면 결혼을 미루거나 포기하는 경향이 있다. 한편으로는 너무 계산적으로 보이기도 하고, 때론 낭만이 없어 보이기도 한다.

30년을 부부로 살아보니, **결혼생활이라는 것은 살면서 하나씩 부족한 것들을 갖추어 가고, 생기는 문제는 같이 해결하고, 즉 채우고 만들어 가는 것들을 경험하는 과정이라고 생각된다.**

요즘의 젊은 세대들이 생각하는 결혼의 성향을 보면서 아내와 가끔 이야기해 본다. 지금 기준이라면 우리가 과연 26, 27세의 젊은 나이에 결혼할 수 있었을까, 하고…

인생을 살아가는 데 있어 결혼은 제일 중요한 과정과 관문 중 하나이다. 우리가 컴퓨터라면 배우자 리스트와 주요 상세 항목을 입력하고, 점수가 가장 높은 대상을 고르면 된다. 소수점 단위로 96점과 96.1점이 있으면 후자를 선택하면 되는 것이다. 그러나 **사람은 자기가 위치한 자리에서 본인이 경험한 것을 기준으로 배우자를 선택하게 된다.**

자기의 기준을 숫자화하여 높은 점수를 얻은 상대방이 아니라, 여러 가지 상황과 항목을 고려하겠지만, 본인의 경험이 만들어 준 직관과 감정이 더 큰 역할을 하는 것이다. 그것이 주요 항목별로 객관화된 숫자의 합에서 베스트가 아닐 수 있겠지만, 그 선택을 되돌리기는 쉽지 않다.

인생에서 가장 중요한 선택 중 하나인 배우자를 선택하는 것에서부터 우리는 많은 선택을 본의 아니게 해야 하고, 때론 선택을 꼭 해야만 하는 경우도 있다. 예정된 선택상황에서 어떤 것이 최선이고, 어떻게 하는 것이 최적의 선택일까?

선택할 당시에는 그것이 최선의 선택이었는지 우리는 알 수 없다. 며칠 뒤, 몇 달 뒤, 또 몇 년 뒤에 결과를 보고 판단할 수 있는 것이다. 불우한 가정환경을 극복하고 성공적인 삶을 살고 있는 김수영 씨는 **"꿈을 이루기 위한 완벽한 상황은 절대 오지 않는다."** 라고 이야기하였다.

인생에서 가끔 오는 완벽한 상황은 찰나의 순간으로 잠깐 왔다 가는 것 같다. 우리가 행복을 잠깐씩 느끼고, 행복을 느끼는 것에 있어서 만족도는 한도가 있어서 아무리 큰 성공으로도 행복감은 200%, 500% 늘어나지 않는다.

그냥 더할 나위 없이 행복할 뿐이다. 그래서 짧고 큰 만족, 행복감을 느끼기 위해 계속 인내하고 참아서 큰 성공을 만드는 것은 비효율적이다. 대신 **인생의 큰 목표는 세우고 열심히 살되, 과정에 있어서 소소한 이벤트를 만들고 그것을 달성하고 성취감을 느끼는 횟수를 늘려가면** 행복을 가지는 횟수도 자연스럽게 많아져서 만족감이 늘어나게 된다.

출처: Pixabay

우리는 컴퓨터, 인공지능과 같이 99점과 100점의 만족감의 차이를 알 수 없다. 그렇다고 해서 선택을 미루고, 아무 행동도 시도하지 않는다면 당연히 아무런 결과도 따라오지 않는다.

롭 무어는 《결단(START NOW GET PERFECT LATER)》이라는 책에서, "**우리는 절대 완벽한 결정을 내릴 수 없다.** 우리는 끊임없이 작은 결정을 내린다. 성인 한 사람이 매일 3만 5,000개 정도의 의식적인 결정을 내린다. 먹을 음식만 가지고 매일 226.7번 결정을 한다."고 이야기하였다.

그리고 **"일단 해봐라. 지금 시작하고 나중에 완벽해져라. 어떤 결정도 최종적이지 않다. 모든 결정은 신속히 바꿀 수 있고, 목표를 향해 꾸준히 발전하게 해줄 테스트로 여겨라."** 라고 주장하였다.

결정을 100% 완벽하게 내리는 것은 거의 불가능하지만, 일단 현 상태에서 결정하고 시작하고 추후에 변경하라는 이야기이다.

남자라면 누구나 가야 할 군대를 병사로 갈지, 장교로 갈지 결정했어야 했다. 아버지에게 여쭤보았다. 대학생활을 해보지 않은 아버지는 며칠을 알아보더니 "장교로 군대생활을 하는 건데, 다들 괜찮다고 하더라."라고 말씀하셔서 선택을 하였는데, 지나고 보니 잘한 결정이라고 생각한다. 공군 학사장교로 군복무를 성공적으로 마친 아들에게도 장교의 길을 권유하게 된 것은 그때의 선택과 좋은 경험 덕분이다.

두 번째 결정의 순간은 군대를 제대하는 날이었다. 증권회사 2개와 은행 한 곳에 합격을 한 상태였는데, 증권사는 제대한 다음 날부터 신입사원 연수가, 은행은 한 달 뒤부터 연수였다. 서울역 역사에서 부산에 전화를 걸어 아버지와 통화를 하였다.

아버지의 권유는 은행이었다. 아버지가 보시기에 나의 성향, 집안의 상황 여러 가지를 고려했을 때, 장남으로서 안정적이고 길게 직장생활을 할 수 있는 것을 은행으로 생각하셨던 것 같다. 30년 동안 다양한 경험을 하면서 직장생활을 성공적으로 마무리한 것을 보면 그때의 결정도 잘한 결정이었다.

2000년 은행의 연수원에서 5년째 근무를 하고 부서를 옮겨야 하는 시기에, 나는 지점이동과 승진, 그리고 신탁부 근무 2가지를 놓고 고민하였다. 결정은 투자상품 부서인 신탁부에 지원하는 것이었다. 그 일로 승진은 2년 정도 늦어졌지만, 그 후 펀드상품 개발, 카이스트 MBA, 박사과정까지 펀드상품 전문가로 이어지는 나의 커리어가 시작된 결정이었으니, 지나고 보니 역시 잘한 결정이었다.

건강하고 만족스러운 선택과 결정을 잘하려면 어떻게 해야 할까?

본인의 노력과 경험을 바탕으로 직관력을 키워야 한다. 수학 문제처럼 답이 정해져서 공식으로 문제를 풀어나가는 것이 우리의 인생에서는 잘 일어나지 않는다.

매번 닥치는 선택의 순간에서 본인만의 온전한 결정이 필요하다. 여기에는 그동안의 성공과 실패, 책에서 얻은 지식, 선배들의 조언들이 배경으로 포함된다. 따라서 다양한 직접, 간접경험을 할수록 현명하고 합리적인 결정을 할 가능성이 많은 것이다.

나의 인생 교본인 부모님의 인생 스토리에서, 여러 성공과 실패의 교훈을 풀어낸 책들에서, 평범한 일상을 사는 TV 〈인생극장〉의 스토리에서도 선택의 배경을 참고할 수 있다.

중요한 것은 매번 일어나는 선택의 상황에서, 뒤로 미루거나 회피하

지 않고 100%를 추구하지만, '80% 이상이면 만족스러운 선택이다'라는 생각으로 여러 상황을 감안한 최선, 즉 '건강한 차선'도 염두에 두면서 결정을 하는 것이 바람직하다.

그렇게 하다 보면, 선택할 때는 최선의 선택이 아니고, 차선, 차차선의 선택처럼 보였지만, 그것들이 만들어 내는 결과는 지나고 보니, 최선의 선택 및 결정으로 다가오는 경우가 많다는 것을 경험하였다.

미루어서 아무런 결과를 만들어 내지 않는 것보다, 차선, 차차선의 선택이 최선의 결과를 만들어 내는 경험을 여러분들도 해보기를 바란다.

7

{ 3가지 밸런스를 유지하자 }

건강, 경제력, 좋아하는 것 하기

대부분의 사람들이 살아가면서 제일 중요한 것이 건강이라고 이야기한다. 맞는 말이다. 그런데 건강한 삶을 영위하기 위해서는 건전한 경제기반이 바탕에 있어야 하는 것도 사실이다.

건강한 삶을 살아가기 위해서는 물리적인 하드웨어 즉, 신체적인 하드웨어와 정신적인 건강 소프트웨어가 고루 균형감 있게 유지되어야 한다.

부자인데, 건강한 사람도 있고 아픈 사람도 있는 것은 주위에서 볼 수 있다. 그런데 가난한데 건강한 사람은 좀처럼 보기 힘들다.

건강한 삶이 되기 위해서는 부자는 아니더라도 기본적인 생활 수준을 유지할 수 있는 경제력이 있어야 한다. 기본적인 의식주 외에 몸이 아플 때 병원비를 충당해야 하고, 정신건강을 위하여 필요한 취미생활 등을 하려면 머니머니 해도 '머니'가 꼭 필요하다.

건강한 경제를 유지하기 위해서는 직장인에게 건강한 직장생활이 기본이다. 책임감을 가지고, 때로는 남과 다른 아이디어로 실행을 우선에 두고, 포기하지 않고 원하는 것을 지속한다면, 평균 이상의 만족스러운 직장생활이 될 것이다.

요즘 젊은 후배들을 보면 집을 늦게 사는 경향이 있다. 결혼도 웬만한 조건이 갖춰져야 하는 분위기인데, 집을 구입하는 것도 이것저것 조건을 맞추다보니 늦어지는 것이다. 그러나 나의 경험으로는, 30년 직장생활 중 제일 후회하는 것이 집을 늦게 산 것이다. 전세 기간이 8년이나 되면서 다른 사람보다 부동산을 보는 감각을 늦게 배우게 되었다. 지금 그때로 돌아간다면 다른 결정을 할 것이다.

정부는 1가구 1주택을 권장하고, 집은 사는 곳이지 부를 늘리는 수단이 아니라는 부동산 정책을 펼치고 있다. 그러나 재테크 수단까지는 아니더라도 자기 집을 빨리 마련하는 것을 권한다. 부동산 가격이 너무 가파르게 오르다 보니, 내 명의로 집을 사는 것이 여간 쉽지 않다. 40대 이상 기성세대는 힘들게라도 집을 마련했는데, 우리의 자녀세대는 뻔한 소득으로 엄청 올라버린 집값을 감당하기 어려운 것이다.

그래도 **결혼을 하고 가정을 꾸린 세대라면 내 집을 가지는 것이 가계 경제 안정의 첫걸음이다.** 많지 않은 소득으로 집을 얻는 방법 중 하나는(필자가 직접 경험한 방법이다), 이런 곳에서 과연 살 수 있을 까 하는 낡은 주택이지만, 향후 발전이 기대되는 지역의 부동산 물건을 산다. 그리고 전세를 주고, 비교적 거주여건이 양호한 다른 곳에 전세로 산다. 이후 내 명의의 주택지역이 도시계획으로 바뀌든, 재개발을 하든 시간을 두고 기다리는 것이다.

투자 목적과 거주 목적을 분리해서 매입과 전세를 병행하면 5년, 10년 후에 좋은 결과를 얻을 수 있다. 나는 20년 넘은 16평 빌라가 10년을 기다리니 32평 새 아파트로 바뀌는 경험을 하였다. 그때 그런 시도를 하지 않았다면, 아직도 내 명의의 집이 없을 수도 있었겠다, 하는 생각을 해본다.

머니(money) 때문에 건강을 해치는 것은 가장 주의해야 할 사항 중 하나이다. 과학 용어 중 '임계치'가 있다. 물이 99도까지 끓지 않고 100도가 넘어가야 끓듯이, 건강도 임계치에 다다르기 전에, 즉 회복 가능할 수 있을 때 잘 관리해야 한다. 50 중반이 넘고 보니, 한번 아프거나 나빠지면 쉬이 몸이 회복이 안 되는 걸 느낀다.

20, 30대 젊을 때부터 관리하면 좋겠지만, 최소한 40대부터는 건강을 관리하면서 일에도 열심을 기울여야겠다.

2001년부터 시작한 헬스는 지금까지 일주일에 적어도 4일 이상은 하려고 노력하고 있다. 봄가을마다 양복이 바뀌는데, 허리 사이즈가 계속 늘어나 매번 옷을 늘리거나 다시 사게 되었다. 그래서 **더 이상 옷을 바꿀 것이 아니라, 기존 옷에 몸을 맞춰보자 하고 생각한 것이 시작이었다.** 그래서 몸짱은 아니지만 배 나온 중년 아저씨가 아니고, 나름 건강한 몸매를 유지하고 있다.

은행은 보통 3년 내외 근무를 하면 다른 부서 또는 지점으로 이동을 한다. 인사발령을 받게 되면 부임하는 곳에 가서 제일 처음 하는 일이 있다. 근처에 각종 병원이 어디에 있는지 살펴보는 것이 하나고, 그다음 제일 가까운 헬스장이 어디 있는지 알아보고 바로 당일 1년 치 등록을 한다. 그리고 다음 날 아침, 부서 근처에서 헬스를 하고 나서 사무실에 출근을 한다. 직장생활의 오랜 기간을 같은 루틴으로 해왔다.

보통 사람들보다 두 시간 정도 먼저 일어나서 출근을 하면, 러쉬아워를 피할 수 있어 출근 시간을 아낄 수 있고, 운동 후 샤워를 하고 바로 사무실에 가면 산뜻하게 하루를 시작할 수 있어 좋다.

가정에서는 가장으로서 경제적 기반을 다지고, 유지하는 데 20~30년 이상을 투자하였지만, 그러면서 건강이 망가진 가장들이 있다. 또 일부 사람들은 건강도 잘 관리하면서 경제적으로 성공하였다.

출처: Pixabay

그런데, 건강과 경제적 안정 그 2가지가 충분해도, 채워지지 않는 무언가가 있는데, 거창하게 이야기하면 '자아실현'이고, 쉽게 이야기하면 '내가 하고 싶은 것 하기'이다.

외형적인 하드웨어가 잘 갖춰지고 유지되더라도, 그 안에 있는 채워지지 않는 '자아실현, 하고 싶은 것 하기'가 잘 안되면 완벽한 인생이라고 보기 어렵다고 생각한다. 내가 하고 싶은 것에 대해 꾸준히 추구해 왔기 때문에, 아내와 아이들에게도 하고 싶은 것이 있으면 뭐든지 해 보라고 권유한다. 그것이 나쁜 일만 아니라면 말이다.

미술을 전공한 아내에게는 아이들이 좀 크고 나서, 취미활동 할 만한 것을 찾아보라고 하니, 10년이 넘게 도자기에 그림을 그리고 있다. 초벌구이된 도자기(접시, 쟁반, 컵 등)에 밑그림과 채색을 하고 유약을 발라서 가마에 굽는다. 세상에 하나밖에 없는 물건이 되어서 지인들이나 거래처에 선물을 주면 감동을 받는다. 물론 개당 물품 가격은 내가 아내에게 후하게 값을 쳐준다.

 중, 고등학교 시절에는 게임에 관심이 있던 큰아들은 5년 전부터는 헬스에 푹 빠져서 전문가 수준으로 운동을 한다. 예전에는 "제발 운동 좀 해봐!" 하고 노래를 불러도 하지 않더니, 지금은 "하루쯤 쉬는 게 어때." 하고 이야기를 해도 빠지는 법이 없다. 특별한 일이 없으면 매일 빠지지 않고 헬스장에서 땀을 흘린다.

 둘째는 여자아이라서 관심 분야가 다양하고, 한두 가지에 몰입하는 분야가 없었는데, 요즘은 취미로 뜨개질을 한다. 없는 시간을 쪼개어 작은 소품들을 뜨개질로 만들어서 지인들에게 선물하여 호응을 얻는다. 손재주는 엄마를 닮은 것 같다. 미국생활에 잘 적응을 하고 재미있게 생활하는 것이 대견하다.

 가정이라는 한 울타리 안에서 원만한 생활이 유지되기 위해서는, 가장을 중심으로 구성원이 경제적 기반을 공고히 하는데 서로 기여해야 한다고 생각한다.

 그리고 **행복한 가정이 되기 위해서는 각자가 자기의 건강을 잘 관리해야 하는 책임이 있다.** 누구 하나라도 아프게 되면 경제적인 비용이 발생하겠지만, 무엇보다도 밝은 웃음이 사라지는 것이 아쉬울 것이다.

추가로 각자가 자기 본연의 역할, 일 외에 건강하게 몰입할 수 있는 취미활동, 건강한 관심 분야를 가지고 몰입할 수 있다면, 정신적·정서적 부분을 채우면서 전체적으로 가정생활이 원만하게 잘 유지될 것으로 생각한다.

8

인생 전반기에 배운 것들

이럴 수도, 저럴 수도 있다.

철모르던 20대, 패기 만만했던 30대, 세상을 좀 알게 되는 40대를 지나, 50대를 넘어서고 보니 세상을 바라보는 나의 자세와 태도가 많이 바뀐 것을 느낀다. 나의 생각이 항상 맞을 수도 없고, 때때로 틀릴 수도 있다는 것을 알고 인정하게 된 것이다.

1991년 소위로 임관하여 전방에서 소대장으로 근무할 때다. 2년의 장교 교육과 15주의 보병학교 교육을 마치고 부대로 전입해서 업무를 맡게 되니, 모든 것이 낯설었다. 교육받은 것은 이상적인 군부대 상황을 가정하고 배운 것들인데, 현실은 너무 달랐던 것이다.

이상과 현실 사이에서 방황하고 힘들어할 때, 부대의 작전장교(소령)님이 다음과 같이 조언을 하였다. "군 생활 하면서 2가지만 명심해라."

"첫째, 몸을 상하게 하지 않고 들어올 때와 같이 건강한 상태로 돌아갈 것. 둘째, **세상에 내 마음대로 안 되는 것이 참 많구나! 하는 것을 경험하는 것이다.**" 첫째 이야기는 늘 듣던 이야기인데, 둘째 조언은 그 당시에 잘 이해가 안 되었는데, 지금 50 중반이 넘어가는 나이가 되고 보니 군대뿐만 아니라, 사회생활에서도 똑같이 명심해야 할 이야기라고 생각이 된다.

누구나 그렇듯이, 사회에 첫발을 내디디고 새로운 환경에 적응하는 것은 쉽지 않은 일이다. 그리고 교육기관인 학교에서는 항상 이상적인 환경에서의 이론을 가르치는데, 현실은 이론과 다르다.

더구나 첫 직장에서 시작하는 일은 가치가 있고 폼 나는 일이 아니라, 초등학교 교육만 받아도 할 수 있는 단순한 업무와 허드렛일부터 시작하게 된다. 그러다 보니 첫 직장에서 그만두는 대부분의 직원은 1년이 고비가 된다. 나의 경우도 3년여 동안 군 간부로서 근무를 하다, 은행에서 신입사원으로 단순한 보조역할로 하루하루를 보내는 것이 쉽지 않았다.

같이 은행에 들어온 동기 중 한 명은 신입사원 교육성적이 우수해서 동기들이 제일 선망하는 지점에 발령이 났지만, 한동안 계속되는 단순 반복 업무에 실망을 하고 1년여 만에 퇴직을 결정하였다. 그로부터 20여 년이 지나고 모처럼 만난 그 친구는 조그맣게 자영업을 하고 있었다. 식당 사장님도 좋지만 그때 능력 있는 그 친구가 조금만 더 참고 견디어 냈다면 지금쯤 잘나가는 임원이 되었을지도 모르겠다.

그 유능했던 친구보다 능력은 조금 부족했지만, 지난 30여 년 동안 다양한 업무, 자기개발에도 노력을 기울이면서 대체로 만족스러운 직장생활을 해내었다. 군대생활 중 작전장교님이 이야기한 "세상에 내 마음대로 안 되는 것이 참 많구나!" 하는 것을 몸소 체험하면서.

주말에는 아내와 근교 공원에 산책을 자주 나간다. 유모차를 밀면서 산책하는 젊은 부부를 보면 우리 부부의 그때를 생각해 보며 흐뭇해진다. 그런데 신혼, 결혼 초기에는 내 집도 없고, 모아둔 자산도 없는데, 16평 조그만 집에서 아내와 아이들을 보면 마냥 행복해했다.

그런데 지금은 집도 있고, 은퇴에 필요한 사산도 어느 정도 모았고, 석사·박사 공부도 하였고, 대학교에서 학생들을 가르치고 있고… 외형으로만 보면 신혼 초 그때보다 분명 외적 상황이 좋은데도 불구하고 마음이 항상 편하지는 않다. 그때에도 미래가 불투명했고, 다가올 퇴직 후의 미래가 확실하지 않은 것은 똑같은데 말이다.

다른 점을 찾아본다면, **결혼 초에는 근거 없이 '잘되겠지!' 하는 미래에 대한 막연한 기대감도 있었고, 또한 단기간에 이루어질 만한 성과**

가 마땅하지 않았다. 그래서 **아이들이 건강하고, 밝게 커주는 것만으로도 행복했던 것 같다.**

그러나 지금은 그동안 쌓인 경험과 지식으로 계산하여 **근거 있는 미래에 대해서 기대되는 '예상 가능하고, 불안정한 미래'를 생각할 수도 있기에 불편한 마음이 종종 생기는 것이다.**

50이 넘으면서 배운 것 중 하나는 수학 문제에는 정답과 오답이 있는데, 인생을 살아가는 데에는 정답이 정해져 있지 않다는 것이다. **오롯이 내가 결정하고 가는 길의 가운데 나에게 맞는 답이 있는 것이고, 처음에 예상한 길대로 가지 않아서 바뀐 중간 목적지에서 그다음에 예상하는 목적지를 향해 노력하면서 나아가는 것이 인생이다.** 그렇게 지나온 길이 나의 인생 정답인 것이다.

수년 전에 거래처에 섭외를 다녀오면서 안산시청을 지나가는데, 플래카드가 걸려 있었다. '법륜스님의 '즉문즉답' 오후 6시부터 시청강당'. SNS에서 다양한 어려움을 가진 일반인들의 질문에 본인의 생각을 즉각적으로 답변하는데, 듣는 이가 모두 공감하는 명쾌한 답변으로 좋은 반응이 있는 행사였다. 스님이 직접 쓴 책도 몇 권 읽어본 터라 업무를 마감하고 행사에 참여하였다.

직접 질문을 하고 답변을 받는 경우는, 한 행사당 10명 남짓 기회가 오기에 혹시나 하고 신청을 하였는데, 마지막 순번으로 사연이 뽑혀

스님에게 질문을 하게 되었다.

"저는 원만한 가정생활, 가족도 다들 건강하고, 직장생활도 큰 어려움이 없습니다. 다만 잘나가는 직원보다 승진이 늦는 것이 불만입니다. 나보다 못한 사람, 힘든 사람도 보고 인생을 살아가야 하는데, 매번 나보다 잘나가는 사람들만 비교하다 보니, 마음이 괴롭습니다." 하고 마이크를 들고 질문을 하였다.

TV에서 볼 때처럼, 스님이 나의 질문에 대해 마이크를 들고 답변을 하셨다.

"우리가 등산을 할 때 산 정상까지 꼭 올라가야만 등산을 했다고 이야기하나요? 어떤 때는 중턱까지도 가고, 어떨 때는 약수터까지만 갈 때도 있고, **그 모두가 산에 갔다 온 것인데, 정상에 갔다 오는 것 한 가지만 가지고 산에 갔다고 생각하면 안 됩니다.** 내가 보기에 건강하고 잘생겼는데, 여러분도 그렇게 생각하시죠?" 하면서 청중에게 물어보니, 모인 200여 명이 다들 그렇다고 한다.

출처: Pixabay

사회생활에서 힘들어지는 것의 첫 번째가 다른 사람과 나를 비교하는 것이다. 각자가 처한 환경과 배경이 다르고, 목표하는 바가 다를 터인데, 자기만의 잣대로 비교를 하여 자기가 평가를 하는 것이다.

하노 벡은 《내 안에서 행복을 만드는 것들》이라는 책에서 다음과 같이 이야기했다. '다른 사람과 비교하는 것은 스스로 행복을 단념하는 행위이다. 비교는 불만을 낳고, 불만은 불행을 낳는다. 심각한 것은 이웃이 실제로 더 잘 사느냐가 아니라, 그럴 거라는 추측만으로 벌써 불행해진다는 것이다'

그때 이후부터 남들과의 비교보다는 나 자신이 가지고 있는 것, 그리고 내가 잘하는 것에 더 관심을 가지고자 노력하고 있다.
그리고, 목표를 세우고 이루는 것도 좋지만, '꼭 이래야만 된다, 저렇게 해서는 안 된다'라는 확정적인 생각보다 그 목표로 가는 과정에 집중하고 즐기려고 노력을 해본다. 물론 쉽지 않은 일이다. 목표는 높고, 기간은 오래 걸리는데 나만 늦게 가는 것 같은 느낌이 수시로 들기 때문이다.

부담감을 내려놓아야 한다. **'꼭 이래야만 한다. 저것은 꼭 해내야만 한다'는 생각과 행동은 나의 몸과 마음을 무겁게 짓누르고 아프게 한다.**

과정에 집중하고, 꾸준히 지금, 현재에 최선을 다해본다. 먼저 세운 목표는 노트에, 메모장에만 적어두고, 가끔 보면 그뿐이다.

목표로 하는 기간에 하고자 하는 것이 이루어질 수도, 안될 수도 있다. 당연한 것 아닌가, 우리는 컴퓨터가 아니다. 인간 세상에는 수많은 변수가 많기 때문이다.

이럴 수도, 저럴 수도 있다.

그러나 지금 현재, 목표로 하는 과정에 최선을 다해보고, 즐겨보는 것에 만족을 할 수 있는 것. 그것이 50이 넘어가면서부터 조금씩 실행해 보고, 또 조금씩 만족하고 만들어져가는 나의 인생 여정 중 하나이다.

9

성공적인 가정생활이란!

모두가 인격체이다

2024년 현재 나는 성공적인 가정생활을 영위하고 있다고 생각한다. 넉넉한 가정형편은 아니었지만, 부모님은 맞벌이를 하면서 열심히 대학공부까지 뒷바라지를 해주셨고, 언제나 한 마음으로 응원해 주신다. 그리고 정직하게 세상을 살아가는 착한 동생들이 부모님과 같이 있다. 그래서 항상 든든하다.

1994년에 나의 색시와 만나지 않았다면, '멋진 아들과 이쁜 딸(핸드폰에 저장되어 있는 명칭)'이 지금 없다면 내 인생은 얼마나 무미건조할까? 50세가 넘어가면서 친구들이나 선배들의 이야기 꼭지 중 한 가지는 **"인생 뭐 별거 없다."** 라는 말이다. 그 이야기에 공감한다.

50세가 넘은 대한민국 남자들은 산전, 수전, 공중전 등 웬만한 세상살이 어려움은 다 겪어봤다고 이야기한다. IMF 금융위기 때 선배들이 명예퇴직을 처음 하는 것을 보고, 2008년 금융위기도 겪어보고… 그동안 물론 좋은 일들도 있었지만, 지나고 보니 그 어려움들도 견딜만 했다고 느껴진다.

미국 속담 중에 'Absence makes the heart grow fonder'가 있다. 사람들은 일반적으로 과거에 대해 좋은 기억들을 가지고 있고, 나빴던 일도 시간이 좋은 일로 변화시킨다는 뜻이다.

아주 악몽같이 나빴던 특별한 경우를 제외하면 그런 것 같다. 어르신들이 끼니를 거르던 보릿고개를 힘들었던 추억으로 생각하는 것이나, 학창시절에 힘들게 했던 선생님들이 더 기억이 나는 것도 마찬가지이다. 독사 같은 별명도 기억하면서…

가정생활이 사회생활과 다른 가장 큰 차이점은 사회생활은 본인이 그곳에 들어갈지 나올지를 선택할 수 있지만, 가정생활은 몇몇 특이한 경우를 제외하고는 나의 의지와 상관없이 생기고 나의 의지로 벗어나기 힘들다.

성공적인 가정생활을 잘 유지하려면,

첫째, 구성원 각자가 자기의 위치에서 역할을 제대로 해주어야 한다.

아버지는 아버지 위치에서, 어머니는 어머니 위치에서, 자녀는 자녀의 위치에서. 일하는 엄마, 전업주부 역할의 아빠도 있지만, 아직까지는 전통적인 유교문화의 역할 분담이 더 익숙한 편이다.

여기에 현대적인 감각을 부여해 보자. 따뜻하게 가정을 리드하면서 가사일을 도와주는 아빠, 가정경제를 분담하면서 마음으로 가족을 안아주는 엄마, 자기주장은 명확히 하면서도 부모님의 말씀을 귀담아듣고, 부모님을 존경하는 자녀의 모습이 그것이다.

둘째, 가정 구성원 모두가 하나의 인격체로서 존중하고 대우받아야 한다.

나를 포함해서 아버지들은 대부분 이렇게 생각한다. 태어나는 순간부터 계속해서 자녀들의 성장과정을 지켜봐 왔고, 그래서 항상 어려 보이고, 부족해 보이고 도와주어야 하는 대상으로 자녀들을 여긴다. 그러다 보니, **자녀들이 자기 의견을 피력해도 귀 기울여 듣는 경우보다는, "너는 그렇게 생각하나 본데, 인생을 더 살아본 내 생각이 맞아, 이대로 해라." 하는 식이 많다.**

그런데, 사회에서 마주하는 그 또래의 젊은이가 의견을 이야기하면 객관적으로 보고 판단하려고 하는데 이것은 차별이자 모순이다.

출처: Pixabay

나의 자녀들도 하나의 인격체로 인정하고 대우하면 아버지의 격이 떨어지는 것이 아니라 존중이 생겨나고 관계가 더욱 돈독해진다.

마지막으로 서로의 노력이 필요하다.

100세가 넘은 철학자 김형석 교수님은 결혼생활을 하는 부부를 등산에 비유하여 이야기하였다. '마치 등산을 하는 **사람들이 등산복을 입고, 산 밑에 서게 되면 정상에 오르는 행복과 정상에서 누릴 수 있는 영광은 저절로 얻어지는 것 같은 착각을 하게 된다.**
결혼이라는 등산을 하는 동안에 부부의 애정은 더욱 돈독해지며 그 수고와 인내와 노력의 대가로 행복과 자유 그리고 영광의 정상까지 오**르게 되어 있는 것**'이라고 이야기하였다.

생각만으로, 말만으로 행복한 가정생활은 이루어지지 않는다.

구성원 각자가 하나의 인격체로 존중받고, 각자의 위치에서 제 역할을 해내고, 서로 책임 있는 행동으로 실행을 해야만 바르게 운영이 되는 것이다.

10

{ 아빠, 남편, 아들,
아저씨, 아버님… }

⋮

호칭에 따라 달라지는 나의 자리

　지난 50년이 지나는 동안, 나는 다양한 호칭으로 불려왔다. 대학교를 졸업한 두 아이들에겐 아빠로, 집사람에게는 '여보, 자기야'라는 호칭으로, 부모님에게는 '장남'으로, 동생들에게는 '형, 오빠'로 불린다. 나를 모르는 일반 사람들에게는 '아저씨'로, 가끔 '아버님'이라고 불리기도 한다.

　고등학교를 마칠 때까지, 집에서는 이름의 맨 마지막 글자가 '삼'이어서 "삼아."라고 부모님은 나를 불렀다. 요즘에 부산 집에 안부전화를 하면, 어머니는 '우리 박사님, 우리 교수님'이라고 불러주신다. 본인이 제일 만족하는 호칭으로 부르는 거다.

대학을 졸업하고, 소대장으로서 군 생활을 마친 다음 바로 취업을 해서 본가가 있는 부산에서 떨어져서 30년 이상을 생활하다 보니, "삼아!"라고 불리는 경우는 거의 없다. 결혼을 하고 손자, 손녀들이 커가면서 어머니는 나를 부를 때, '우리 장남'으로 부르게 되었다.

'우리 장남'으로 불릴 때는 집안의 장남으로서의 책임감과 부담이 느껴진다. 40세가 넘어서부터는 부모님이 집안의 대소사를 의논하는 대상으로 인정되었다. '살던 아파트를 팔고 단독주택으로 이사하려고 하는데, 어떻게 생각하니? 동생의 결혼을 위해 누구를 소개해 주려고 하는데, 어떻게 생각하니?' 등등.

몸은 멀리 떨어져 생활하고 있어도 항상 첫째 아들로서 **부모님은 나를 믿어주시며 '우리 장남'이라고 불러주시니 그 믿음에 대하여 더 책임감 있게 살아야겠다는 생각을 하게 된다.**

어머니가 불러주는 '우리 박사님, 우리 교수님'이라는 호칭에는 내가 낳은 첫째 자식의 성과를 주변에 자랑하고 싶은 마음이 조금 깔려 있는 것 같고, 본인은 많이 배우지 못하였지만 아들이 최고 학위를 받아 교수까지 한다는 것을 자랑스러워하시는 것 같아, 들을 때마다 흐뭇해진다.

남동생에게는 '형, 형님아', 여동생에게는 '오빠야'라고 불린다. 50을 넘은 동생들이 아직 미혼이어서 어서 가정을 꾸렸으면 하는 마음이 많았는데, 요즘은 결혼이 선택사항으로 받아들여지는 시대여서 예전보다 마음이 덜 불편하다.

부모님은 나에게 집안 대소사를 상담하는데, 부모님과 함께 있고, 주변에 사는 동생들은 부모님의 건강과 관련된 이야기를 자주 전해준다. 그리고 이러저러한 주변 이야기도 해주어 자주 못 가는 나의 궁금증을 해결해 준다.

"어머니가 이번에 넘어지셨는데, 아버지가 어제는 약주를 많이 하셨는데, 이번에 두 분 건강검진을 언제 해드립니다." 또는 "어제는 부모님을 모시고 해운대의 맛집을 갔는데 너무 좋아하시더라." 등등. 형님아, 오빠야 하고 동생들이 연락을 해오면 내가 자주 가보지 못하여 늘 반가운 편이다.

집사람은 나를 부를 때, '자기야'라는 호칭을 제일 많이 쓴다. '동우 아빠' '선우 아빠' 하면서 아이들 이름에 호칭을 붙이는 것보다는 가깝게 느껴진다. 올해로 30년째 평생 친구로 지내는데 거리감이 느껴지지 않는 호칭이어서 만족한다.

나의 핸드폰엔 집사람이 '색시'로 등록되어 있다. 집사람 이름으로 검색하면 전화번호 조회가 되지 않는다. 그냥 이름으로 등록을 하면 다른 사람들과 차별성이 없어 보여서 고민 끝에 '색시'로 등록하였다. 결혼 초의 풋풋한 분위기가 연상되고 젊은 감성이 살아나기 때문이다.

그런데 몇 년 전까지 색시의 핸드폰에 나는 그냥 '하준삼'으로, 다른 사람들과 동일한 기준, 이름으로 등록되어 있었다. 평상시에 대우는 그렇게 사무적으로 받고 있지 않은데, 내심 섭섭한 마음이 들어 별칭으로 바꿀 것을 요청하였다. 색시는 '하준삼'을 고심 끝에 '하니(honey)'로 등록하였는데, 마음에 드는 표현이다.

이 글을 읽은 분들도 배우자의 핸드폰에 자기 이름이 어떻게 등록되어 있는지 확인해 보고, 이름으로만 등록이 되어 있다면 친밀감이 느껴지는 별칭으로 등록하는 것을 요청해 보기 바란다. 바뀌는 별칭만큼 더 가까워지는 느낌을 받을 수 있기 때문이다.

나의 핸드폰엔 집사람은 '색시'로 아들은 '멋진 아들'로 딸은 '이쁜 딸'로 등록되어 있다. 이름으로 등록되어 있지 않기 때문에, 카톡 대화나 전화할 때 가끔은 이름으로 검색하여 나오지 않아 당황했던 적도 있다. 내가 직접 그렇게 등록했는데도 말이다.

출처: Pixabay

아이들이 아빠를 어떤 별칭으로 등록했는지는 모른다. 그렇게 궁금하지도 않고 물어보지도 않았다(안궁안물). 설마 '하준삼'이라고 등록되어 있지는 않겠지! 최소한 '아빠'로는 등록되어 있겠지, 아니면 어떤 기발한 별칭으로 등록되어 있을지 궁금하다.

아직 아빠에서 아버지라는 호칭까지 넘어가지는 않았는데, 언제부터 아이들로부터 아버지로 불릴지, 궁금하기는 하다. 나는 대학교를 졸업하면서부터 아빠, 엄마를 아버지, 어머니로 호칭을 바꾸려고 했었다. 나이가 들어가는 것도 있었지만, 집에서 떨어져 생활하면서부터 거리감이 생겨서 그랬는지도 모르겠다.

그런데 50 중반인 지금은 아버지, 어머니라고 불러도 예전에 아빠, 엄마라고 부를 때처럼 애틋한 마음이 생긴다. 그만큼 부모님이 나이가 들어가고 연로하신 모습에 이젠 자식들이 케어를 해주어야 하는 나이와 몸 상태가 되었기 때문이기도 하다.

언제부터인가 '아저씨, 아버님'이라는 호칭을 듣게 되었다. 길을 가다가 길을 물어보는 행인에게, "아저씨, 여기를 가려고 하는데, 어떻게 가면 되죠?" 이런 식으로 듣게 된다. "아저씨!" 정말 내가 듣기에 무미건조한 호칭이다. 나하고 아무 연결이 없는 관계의 호칭이다. 그래서 아저씨의 호칭은 별로 반갑지 않다.

'아버님'이라는 호칭은 어떤가! 아직 자녀들이 결혼을 하지 않아서 며

느리, 사위가 없어서 그들에게 들을 수는 없다. 병원이나 관공서를 가면 가끔 듣는데, 아저씨만큼은 아니지만, '내가 나이를 그만큼 먹었구나' 하고 내 나이를 생각하게 하는 호칭이다.

아이들을 키우면서 내가 나이를 먹는 것은 잊어버리고 살아왔다. 대신 아이들이 초등학교, 중학교를 졸업했구나, 이제 고등학교를 졸업해서 대학생이구나. 대학교를 졸업해서 이젠 성인이구나. 하면서 아이들의 변화로 내 나이를 가늠하게 되었다.

그래서 이제는 '아버님'이라는 호칭이 상대방에게는 그렇게 부르는 것이 합리적이겠구나 생각하면서도 아직은 낯설게 느껴진다. 이렇게 앞에서 불리는 호칭은 가정과 사회에서 불리기 때문에 **나보다는 상대방의 관점에서 나를 부르는 호칭이다.**

그들이 나를 뭐라고 부르든지 간에, 그 호칭을 부를 때 친근함과 따뜻한 마음으로 부를 수 있도록 올바르고 겸손하게 생활해야겠다는 생각을 해본다.

4부

세상을 움직이는 5가지 이야기

인간은 합리적인 판단을 하는가?
조직은 완벽한 시스템으로 운영되는가?

그럴 것 같지만, 또 그러려고 노력하지만 때때로 인간은 비합리적인
판단과 행동을 하고, 조직은 주먹구구식으로 운영되기도 합니다.

코로나 팬데믹이 일어나기 전에 '앞으로 3년간은 마스크를 쓰고 생활
하게 될 거야'라고 이야기했다면 다들 농담으로 받아들였을 겁니다.
최고의 권력자인 대통령이 계엄을 선포하는 일이 현실 세계에서
일어났습니다. 영화 소재로 만들어도 현실성이 떨어지는 소재로
외면받을 것 같은데 말입니다.

다수의 많은 사람들이 모여 조직을 만들고, 회사를 만들고, 사회를
만들고, 국가가 만들어집니다. 완벽하지 않은 인간들이 모여서 생기는
갈등을 해소하고 조직을 잘 운영하기 위해 법과 질서를 만들고
유지하려고 노력합니다.

합리적이고 건전한 상식으로 의사결정이, 정책이 이루어질 것 같지만 현실은 쓰레기통 속에서 중요한 일들이 결정되고, 그나마 시급한 결정도 사소한 문제로 여겨져 뒤로 미뤄지기도 합니다.

지금까지 그래왔고, 앞으로도 그럴 겁니다.

'소 잃고 외양간 고친다'는 속담이 있습니다. 그러나 문제가 터지고 외양간을 제대로 고치는 경우는 많지 않습니다. 외양간을 수리하는 중에 급하게 고쳐야 할 다른 외양간이 생기기 때문입니다.

중요한 것은 왜 그런지 원인과 전후 사정을 이해하고, 이미 벌어진 상황을 어떻게 해결하는 것이 바람직한가를 고민하고, 실행하는 것입니다.

세상이 비합리적으로 움직이는 5가지 이야기를 합니다. '아, 그렇게 세상이 움직이는구나, 그래서 이렇게 대응하는 것이 좋겠다' 하는 인사이트를 얻어가면 좋겠습니다.

1

완벽하지 않은 인간

- 인간은 감정의 동물이다
- 합리성을 추구하지만 때때로 비합리적이다
- 인간은 머리 쓰는 것을 많이 싫어한다

인간은 합리적인 판단을 하는가? 우리는 의사결정을 할 때, 수집한 정보와 여러 가지 근거를 바탕으로 선택이 객관적으로 이루어지는가? 우리가 아는 건전한 상식만 가지고 있으면 특별한 문제 없이 사회생활을 잘할 수 있을까?

위의 질문에 대한 정답은 '인간은 합리적으로 행동하려고 노력하지만, 때때로 부적절한 오류 행동을 한다. 사람이 일으킬 수 있는 대표적인 오류 타입을 잘 이해하면 조직과 사회생활을 효과적으로 잘할 수 있다'이다.

컴퓨터는 입력한 정보가 정확하고, 데이터를 처리할 수 있는 용량만 충분하면 원하는 정답을 거의 예외 없이 출력할 수 있다. GIGO(Garbage In Garbage Out) 용어대로 쓰레기 정보가 들어가면 쓰레기 결과물이 나온다.

인간은 어떤가? 50 중반이 넘어선 필자의 경우, 50년 이상의 시간 동안 수많은 경험을 하였지만, 제대로 정확하게 기억하는 사건과 경험은 많지 않다. 지난 사진이나 기록물을 보면 '아! 그때 그런 일이 있었구나' 하고 기억을 떠올릴 수 있을 뿐이다.

만물의 영장인 인간임에도 불구하고, 우리 뇌의 용량은 제한되어 있기 때문이다. 그래서 아주 소수의 사람을 제외하고는 **'peak & end(가장 좋았던 일과 최근의 일)'만 기억한다. 나이 든 사람들의 레퍼토리에 '라테는(나 때는…)' 이야기가 자주 나오는 이유이다.**

사람들이 태생적으로 반복적으로 일으키는 오류의 종류에 대해서 알아보고, 어떻게 대응하는 것이 바람직한 것인지 알아보자.

첫인상 오류

부정적 사건 과대 인식 오류

스테레오타입 오류

후광효과 오류

처음 만나는 사람의 경우, 종종 처음 10분 안에 상대방에 대한 전반적인 내용을 평가하려고 한다. 그 사람의 성격과 배경, 능력에 대한 것은 정확하게 모르지만 긍정적인지, 부정적인지 양자택일을 마음속으로 하려고 한다.

원시시대에 인간에게 제일 중요한 것은 생존, 즉 살아남는 것이었다. 처음 보는 다른 부족이 다가올 때 나에게 우호적인지 위협을 주는 존재인지 빠른 시간에 판단해야 내가 생존할 수 있다. **생존에 불필요한 것은 버리고 생존에 필요한 것만 선택·지각하는 쪽으로 유전자가 각인되어 온 것이다.**

처음 보는 사람에 대해 시간을 두고 정확하게 인지하는 것보다 그 사람의 생김새, 이미지, 옷차림, 말투 등을 보고 좋은 사람인지, 나쁜 사람인지 판단해 버린다. 이 판단은 올바르지 않을 확률이 꽤 높음에도 불구하고 추후 정확한 정보로 판단이 바뀔 때까지 오랜 기간 지속되는 오류이다.

생존 이슈는 동일한 비중이지만 긍정적인 것보다 부정적인 것에 더 민감하게 반응하는 인간의 속성을 만들어 왔다. 주식투자를 할 때 플러스 10% 수익이 나면 그냥 기분이 좋지만, 반대로 마이너스 10% 손실이 발생하면 그 이상의 무게감으로 괴로워한다. **좋은 뉴스보다 나쁜 뉴스에 관심을 더 가지고 민감해진다.**

우리는 경험에서 만들어진 수많은 동판을 머릿속에 저장하고 있다. 어떤 사람을 처음 접할 때, 내가 가지고 있는 여러 데이터 패널 중 비슷한 부분이 있으면 정확하지 않더라도 그냥 그것으로 인정해 버린다.

'키가 큰 사람은 싱겁다. 뚱뚱한 사람은 마음이 넉넉하다' 등은 예전부터 내려온 동판 중의 하나이다. 그러나 이것도 맞지 않는 경우가 많다. '은행원은 꼼꼼한 성격에 숫자를 다루는 데 뛰어나고 보수적인 스타일이 많다'라고 생각할 수 있지만, 30년 은행 생활 중 20년 이상을 본부부서에서 근무한 나의 경우는 숫자보다 전략수립에 자신이 있고 적극적인 스타일의 성격을 가지고 있다.

후광효과는 어떤 대상으로부터 얻은 일부의 정보로 나머지 부분의 정보를 해석할 때 미치는 영향을 말한다. 예수님이나 부처님의 머리 뒤에 밝은 원으로 그려지는 그림도 후광이다. 어떤 사람을 전반적으로 평가할 때 **오직 한두 가지의 특성을 기초로 그 사람의 평가를 전반적으로 하는 경우, 후광효과에 의한 오류**라고 볼 수 있다.

출처: Pixabay

IT업계에서 뛰어난 업적을 이룬 스티브 잡스의 경우, 성품과 사생활도 바람직하다고 생각할 수 있다. 그러나 결혼하기 전 만난 여자친구와의 사이에서 태어난 딸을 부정하고 재판을 통하여 유전자 검사를 거친 후 딸로 인정한 일은 그의 다른 면이다. 영화에서 멋진 주인공 역할을 하는 배우가 실생활에서도 배역처럼 멋지게 생활하는 것을 예상하지만 현실은 꼭 그런 것만은 아니다.

졸업을 앞둔 4학년 학생들에게 면접의 중요성을 이야기한다(필자도 실무자 면접과 전문인력을 뽑는 면접위원으로 다수 참여한 경험이 있다). 면접자는 짧은 시간에 조직에 맞는 사람을 선택해야 한다. 시간과 자료가 부족하다. 면접을 하는 사람들이 가지고 있는 경험과 틀을 가지고 판단해야 하는 상황이다.

면접을 볼 때, 상대방에게 내가 좋은 방향으로 오류 인식될 수 있도록 준비하라.

내가 100의 자격을 가지고 있더라도 면접 당일 120 이상의 자격을 가지고 있는 것처럼 자신을 나타낼 수 있도록 해라. 그러려면 해당 회사에서 중요하게 생각하는 자세, 복장, 용어 그리고 회사에 대한 정보를 알고 실전과 같은 많은 연습을 해야 한다.

인사평가는 기업에서 1년에 1회 또는 2회 이루어진다. 1년 내내 탁월한 성과를 달성하고 상사와의 관계도 좋았다. 그런데 인사평가 일주일 전에 상사와 크게 싸웠다. 그 사람의 평가는 과연 좋게 나올까?

사람은 최근의 일을 중요하게 생각하고 비중을 많이 두게 된다(peak & end).

오래전 필자의 경험이다. 인사평가 일주일 전까지 상사와 너무 좋은 관계를 유지했다. 그런데 사소한 일로 섭섭함을 상사에게 어필했는데, 평가 결과는 평균 이하의 점수를 받았다. 다시 그때로 돌아간다면 평가 기간에는 더 자중하고 조심할 것이다.

인간은 완벽하지 않다. 합리적으로 행동하려고 하지만 여러 오류를 가지고 있다. 이러한 불완전하고 때때로 오류 행동을 할 수 있다는 사실을 알고 있자. 그리고 중요한 일과 행사를 진행할 때는 상대방에게 내가 좋게 오류 인식될 수 있도록 잘 준비하자.

2

{ 중요한 결정이 쓰레기통에서? }

- 왜 지금 이 시점에 이 결정을 할까?
- CEO도 정치인의 속성을 가지고 있다
- 중요 결정이 이루어지는 과정을 알면 도움이 된다

  오랜 시간 동안 한 기업에 근무하다 보면 회사의 변화를 온몸으로 경험하게 된다. 한때는 경쟁 회사보다 잘나갈 때가 있었고 그때는 어느 CEO가 있었고, 회사가 존폐의 기로에 서 있었을 때는 어느 CEO가 결정적인 실수를 했었고…

  그때는 몰랐지만, 지나고 나서 보니 영화의 한 장면처럼 떠오른다.

  1993년 100년 역사의 조흥은행에 입사해서 좋은 커리어를 쌓고 있었다. 1997년 IMF 외환위기가 닥쳤을 때 은행권도 큰 위기를 맞게 되었고, 은행별로 중요한 의사결정을 해야 했었다. 지금은 예전의 5대 시중은행(조흥은행, 상업은행, 제일은행, 한일은행, 서울은행)은 모두 없어졌다.

은행권에도 구조조정이 필요했는데, 정부에서 선택권을 주었다. 공적자금 지원에 대해 상업은행과 한일은행은 합병하면서 이를 수용하여 현재의 우리은행으로 남아 있다. 반면 조흥은행은 그때의 경영진이 독자 생존을 고집하다가 신한은행으로 합병되었다.

만일 그때 정부의 공적자금을 받았더라면, 조흥은행은 살아남았을까? 나의 직장 커리어는 어떻게 변했을까? 그때 CEO는 본인이 조직의 어려움을 타파하고 회사를 되살려 성공한 CEO로 인정받고 싶었던 것 같다. 외자 유치도 시도해 보고, 정치권에도 도움을 요청해 보았지만 결과는 증권시장 상장 1호 회사가 100년 역사를 접게 되었다.

회사에서 회사 로고나 이미지를 바꾸는 일은 회사 대표가 바뀔 때 주로 일어난다. 어떤 경우에는 회사 이름도 바꾼다. CI(Corporate Identity) 변경에 따라 간판을 포함한 여러 물품을 바꾸어야 하고, 제반된 여러 비용이 수반된다.

교과서에서 배우는 내용과 달리, 실제 조직의 의사결정은 때때로 비합리적으로 이루어진다. 1971년 올슨(J. Olsen)은 '쓰레기통 모형(Garbage Can Model)'을 발표했다. **'조직이 겪는 상황은 무정부적 혼돈처럼 불확실하며, 이런 상황에서 제한된 합리성을 가진 인간으로서는 문제가 무엇인지조차 파악할 수 없고, 따라서 쓰레기통에서처럼 의사결정이 된다'**라고 주장하였다.

대부분의 조직들은 전형적인 의사결정 단계가 있지만, 때때로 무정부 상태의 쓰레기통 내부처럼 의사결정을 하는데, 상황은 다음과 같다.

- 우선순위의 불명확성(problematic preference): 조직에는 해결할 문제도 많고, 대안들도 많은데, 이 중에 무엇이 먼저 선정되고 추진되어야 하는지 불명확하다.
- 해결에 대한 지식과 경험 부족(unclear technologies): 새로운 문제가 너무 많이 발생해서 어떻게 접근해서 어떤 해결책을 사용해야 하는지 아는 바가 별로 없다.
- 임시 결정자들(fluid participants): 의사결정자들의 교체와 이동이 심하고 모두 바빠서 어떤 문제에 대해 해결할 책임자가 누구인지 불분명하다.

최근의 의료개혁 문제로 대다수 국민들이 어려움을 겪고 있고, 이로 인해 다른 중요하고 시급한 현안들이 후순위로 밀리고 있다. 이것이 최우선 해결 사안인지, 지금 점진적이 아니고 혁신적으로 해결해야 하는 사안인지, 누가 답을 해줄 것인가? 상당한 시간이 지난 다음 우리 모두 결과를 알 수 있을 것이다.

출처: Pixabay

쓰레기통 모형에는 의사결정 요소들이 있다.

- 문제들(problems): 조직에는 해결해야 할 문제도 많고, 새로 생기는 문제도 많다. 없던 것도 만들면 문제가 된다. 예를 들어 동종업계에서 1등을 한 기업이라도 '우리가 2등으로 뒤처지지 않으려면 해결책을 강구하자!'라고 하면 이것이 해결할 문제가 된다.

- 해결 대안들(solutions): 신제품 개발, 로고 변경, 공장 이전, 홍보 확대, 감원, 해외시장 개척 등 조직에는 대안들도 많다. 아직 문제가 발생하지 않았더라도, 아직 필요성이 없더라도 대안은 이미 많이 존재하고 있고, 활용되기를 기다리고 있다.

- 결정자들(participants): 무슨 결정이든 결정이 되려면 결정하는 사람이 있어야 한다. 그런데 문제는 있는데 결정자가 없든지, 결정자는 있는데, 문

제를 발견하지 못할 수도 있다.

− 선택 시기(choice opportunities): 결정이 이뤄지는 때가 해결 대안이 선택되는 순간이다. 위의 3가지 요소가 쓰레기통 속에서 굴러다니다가 어떤 결정이 필요하다고 모두가 기대 또는 예측하는 순간이 되면, 불꽃이 점화되듯이 결정이 일어난다.

조직 또는 우리 사회라는 쓰레기통 안에는 수많은 문제, 대안, 결정자, 대안 선택의 순간들이 굴러다니다가 4가지 요소가 서로 만나는 순간 결정이 이루어진다.

말하자면 **문제가 반드시 심각해서도 아니고, 선택된 해결 대안이 최선의 것이어서도 아니고, 꼭 결정되어야 하는 순간이 아니더라도 결정은 이뤄질 수 있다. 어떤 경우에는 문제도 심각하고 해결책도 있고 빨리 해결되어야 함에도 불구하고 결정할 책임자가 없으면 결정도 없다. 반대로 결정할 사람이 있으면 아직 때가 아니더라도 혹은 그다지 좋은 해결책이 아니더라도 그냥 결정이 이루어진다.**

잠시 쉬고 있는 전직 CEO나 재기를 꿈꾸고 있는 정치인들은 머릿속에 여러 혁신 대안을 준비하고 있다. 그러다가 다시 다른 회사의 CEO가 되거나 국회의원, 대통령이 된다.

그 회사, 그 사회나 국가에서 아직 꼭 필요하지도 않은데 그 혁신 정책을 실행에 옮길 구실을 찾아 문제를 이슈화하여 자신의 혁신책을 발표하고 실천에 옮긴다. 특히 정치인들은 아무 결정이라도 내려야 명분이 서기 때문에 아무 때나 무슨 문제든 억지로 만들고 대안을 선택(결정)해서 진행시키는 경우가 많다.

회사조직 내에서도 중요한 의사결정이 시급하지도 않고, 중요한 사업이 아님에도 지금 이루어지는 비합리적인 일들이 일어난다. 왜 그럴까?

인간은 완벽할 수 없고, 제한된 합리성으로 의사결정을 해야 한다. 회사조직 내 비합리적인 의사결정이 일어나는 상황에 대해 '그럴 수도 있구나, 아 그래서 이렇게 결정이 이루어지고, 이런 제도가 시행이 되는구나!' 하고 이해하고 이에 대비하는 자세가 필요하다.

그런 상황에서 '나는 어떻게 행동하는 것이 합리적인 행동일까?'를 스스로 생각해 보고, 맡은바 직무에서 바람직한 일들에 대해 최선을 다하는 것이 나에게 긍정적인 결과로 돌아올 것이다.

3

동전은 양쪽 면을 항상 가지고 있다

- 이쪽도 맞고, 반대쪽도 맞다
- 최선의 결정을 내려도 결과가 나올 때까지 세상은 변한다
- 내가 지금 할 수 있는 것에 최선을 다해야 한다

찰리 채플린의 1936년 영화 〈모던 타임즈〉를 보면 노동자들이 컨베이어 벨트 앞에 나란히 서서 부품을 하나씩 조립하는 모습이 나온다. **같은 동작을 수없이 반복하는 노동자의 모습에서 기계화, 표준화된 산업사회에서 노동자의 불행한 모습을 보여주었다.**

하지만 채플린이 놓친 부분이 있다. 바로 노동자의 임금 상승이다. 'T형 포드' 자동차의 생산은 1908년에 시작되었다. 생산 첫해 대당 850달러에 6만 대가 팔리고, 15년 뒤 150달러에 230만 대가 팔렸다. 포드는 새로운 시스템에 적응하지 못하고 회사를 떠나는 **노동자를 붙잡기 위해 임금을 단숨에 두 배로 올렸다.** '중산층'이라는 부유한 노동

자 계층이 생겨나게 된 것이다.

직장인들은 아침 일찍 회사에 출근하여 하루 종일 회사가 요구하는 일을 하고 목표량을 채우기 위해 고군분투한다. 비가 와도 눈이 와도 일을 해야 하고, 싫으나 좋으나 동료들과 협력해야 한다. 매번 내 마음에 드는 일이 있기도 어렵고, 항상 직원들과 의견이 일치하기는 어렵다. 그래서 일이 힘들어서, 사람들과의 관계가 힘들어서 회사를 그만두기도 한다. 그러나 대부분의 직장인들은 이러한 어려움에도 다음 날 아침 회사에 출근한다.

무엇 때문일까? 보상을 받기 때문이다. 월급과 상여금을 받는다. 건강보험료, 국민연금도 여기에 포함된다. 나와 내 가족이 삶을 영위하는 데 기본적인 경제적 기반이 회사를 다님으로써 해결되는 것이다. 주변에서 회사를 옮겨도, 자영업을 해보아도 현재 일에 아주 만족해하는 경우는 잘 보지 못하였다.

내가 열심히 노력해서 얻는 보상은 회사에서는 지급해야 하는 비용이다. 입장이 정반대이다. 나는 항상 받는 보상이 부족하다. 내가 힘들게 노력하는 만큼, 여러 어려움을 감내하는 만큼의 보상이 주어지는가에 대해 항상 생각한다. 반대로 회사는 지급하는 임금만큼 직원들이 성과를 올리느냐에 대해 늘 고민한다.

어떤 기준으로 적정한 보상, 임금을 산정하는 것이 바람직할까?

업무성과에 대한 계량적인 숫자로 나타나는 정량 평가, 조직 내의 평판을 중심으로 한 정성적 평가 등 각 회사마다 기준이 존재한다. 그 기준에 따라 개개인이 평가되고 그에 따른 보상이 주어진다.

여기서 **중요한 것은 평가의 기준은 내가 만드는 것이 아니라, 회사에서, 즉 보상을 지급하는 측에서 만든다는 것이다.** 돈을 주는, 즉 비용을 지급하는 쪽에서 '그럴만하다'고 판단이 되도록 내가 만족시켜야 하는 것이다. 더 나은 보상을 받기 위해서는 나 쪽의 동전이 아니라 반대편 동전 면의 그 기준을, 허들을 넘듯이 넘겨야 한다.

출처: Pixabay

《명심보감》, 성심편에 다음과 같은 글이 있다.

"봄비는 농부에게는 기름만큼이나 귀한 선물이지만,
행인은 괜히 흙탕물이 튄다고 싫어하고,
가을 달이 휘영청 밝아 보기도 좋고 다니기는 좋지만,

도둑들은 밝아서 싫어한다."

똑같은 현상을 보고도 각자가 처한 상황이나 여건에 따라서 다르게 받아들이고 해석을 하게 된다는 의미이다.

어디서든, 누가 되었든 각자의 입장이 있다. 나라의 주요 정책에 대해서 정부의 입장, 기업의 입장, 국민의 입장이 다 다르다. 회사에서는 경영진의 입장과 근로자의 입장이 다르다. 경영진은 '어떻게 하면 주어진 여건하에서 최대한의 효율성을 얻을 것인가?'를 고민한다. 반면 피고용인들은 '어떻게 하면 많은 보상을 얻어낼 것인가?'에 지대한 관심이 있다. **양쪽 모두 중요한 것은 회사의 성과이지만, 이를 바라보는 관점은 상반되어 있다.**

우리 모두는 주어진 여건에서 최선의 결정을 하고 행동하려고 한다. 그렇다고 해서 결과가 항상 예상한 대로 되지는 않는다. 의사결정은 이전의 정보와 경험으로 하는데, 결과가 나올 때까지 세상이 빠르게 변하기 때문이다.

그럼, 어차피 변할 결과인데 대충대충 행동해야 할까? 아니다. 내가 할 수 있는 것에 집중하는 것이 바람직하다. 내가 어쩌지 못하는 것들에 매몰되어 신경을 쓰고 머뭇거리다 보면 기대한 결괏값이 나오지 않는다. 긍정적인 결과가 나오면 그 방향으로 더욱 박차를 가하면 되고, 부정적인 결과가 나오면 수정하고 보완하여 다시 시도하면 다음번에 더 나은 결과를 얻을 수 있을 것이다.

 각자의 입장이 다 다른 세상에 우리는 살고 있다. 내가 하려는 일과 행동들에 대해 상대편의 상황을 이해하고, 어떻게 하는 것이 효과적인지 생각해 본다. 그리고 지금 내가 할 수 있는 것이 무엇인지 알아보고 우선순위를 정해서 하나씩 실행한다. 그것이 미래에 긍정적인 성과를 가져올 수 있는 바람직한 방법이다.

4

{ 세상일, 잘 안되는 것이 디폴트이다 }

- 다들 열심히 노력하지만 뜻대로 되는 것, 많지 않다
- 최적의 결정을 해도, 결과가 나올 때까지 세상은 빠르게 변한다
- 내가 통제할 수 있는 것에 집중해야 한다

학교생활 할 때에는 잘 몰랐다. 지금도 크게 달라지지 않았지만 나의 고등학교까지의 학창시절은 주입식 교육이 일반적인 시대였다. 하지 말라고 하는 것이 참 많았고, 학교에서 무엇을 해야 하는지 다 하나하나 일러주었다. 별로 고민할 것이 없었다.

대학생활 때부터 고민이 하나씩 늘어난다. 앞으로 무엇을 해서 먹고 살아야 하나? 좋은 직장에 들어가야 할 텐데⋯ 선호하는 직장에 들어가는 인원은 제한되어 있고⋯ 천신만고 끝에 원하는 직장 또는 괜찮은 회사에 들어가면 고민 끝인 줄 알았는데, 정작 그때부터 고민이 하나씩 더 늘어난다.

직장에서 똑같이 출발하는 입사동기들, 5년, 10년이 지나면 명함의 직책이 달라진다. 조금 더 시간이 흘러가면 똑똑한 몇 년 후배들이 앞서간다. 처음에는 우씨, 하면서 기분도 상하지만, 시간이 지나면 '그런가 보다'하고 무시해 버린다.

컴퓨터 용어 중에 '디폴트(default)'가 있다. 프로그램에서 사용자가 값을 지정하지 않아도 컴퓨터 시스템 자체에서 저절로 주어지는 값을 의미한다. 주어지는 값, 기본값이란 뜻이다. **직장생활 30년, 인생 50년 이상을 살아보니 세상일 그리고 하려고 하는 일에서 예상대로 안 되는 것이 디폴트라는 것을 경험으로 알게 되었다.**

원하는 목표를 세우고, 열심히 노력하는데 예상한 대로 되는 것이 많지 않다. 주위에서 적극적으로 도와주지 않아서, 아직 시기가 오지 않아서, 운이 없어서 등등의 핑계를 댄다. 시간을 두고 곰곰이 생각해 보면 '나 자신이 정말 최선을 다했었나?' 하고 자책을 하기도 한다.

기업의 흥망성쇠를 보자. 잘나가는 기업도 세상의 변화에 제대로 적응하지 못하면 규모가 쪼그라들거나 사라지기도 한다. 한때 잘나갔던 핸드폰 회사 모토로라가 스마트폰에 밀려서, 카메라 필름의 강자 코닥이 디지털 시대에 적응하지 못해서 고전했던 일 등 많은 사례가 있다. 세상은 변하는데 과거의 성공스토리와 전략을 고수하다가 낭패를 보게 된다.

기업도 개인도 살면서 중요한 의사결정을 하게 된다. 미래에 있을 좋은 결과를 예상하면서 지금의 선택을 한다. 현재 최선의 결정을 할 수 있는 완벽한 정보를 가지고(현실적으로 불가능하지만) 최적의 선택을 했다고 하더라도 결과가 나오는 기간 동안 세상은 그대로 멈춰 있지 않는다. IT의 발달로 변화 속도가 빨라지고, 사람들의 성향도 변덕스러워서 고민하고 많은 비용을 들인 신제품도 반드시 성공하기가 쉽지 않다.

개인의 경우, 토익 시험이나 자격증 시험의 경우 공부한 시간과 노력에 의해 점수가 상향되고, 합격의 가능성이 높아진다. 그런데 직장 내에서 승진을 기대하거나, 사업을 시작하여 성공하려고 하는 사람들이 다 성공하는 것은 아니다.

승진은 내가 좋은 성과와 평판을 가지고 있다고 하더라도 경쟁자가 나보다 더 좋은 성적을 거두면 나는 후순위로 밀린다. 사업을 하는 경우도 내가 밤잠을 줄여가며 열심히 노력해도 나보다 더 좋은 제품을 더 싸게, 더 맛있는 음식을 제공하는 곳이 있으면 어려워진다.

짐 캐리가 주연한 〈브루스 올마이티〉라는 영화가 있다. 잘나가고 싶은 뉴스 리포터이지만, 하는 것마다 제대로 되는 것이 별로 없다. 우연히 신에게서 신의 능력을 부여받은 주인공은 평소에 하고 싶은 일을 멋대로 한다. 정말 신난다. 그런데 신의 역할은 다른 사람의 소원을 들어주는 일도 해야 한다. 세상 모든 사람들이 원하는 소원을 하나씩 들어주기 귀찮은 브루스는 모든 소원에 'YES'를 복사해서 붙여버린다.

세상 모든 사람들의 소원이 이루어지는 것이다.

 복권을 산 모든 사람들이 1등에 당첨된다. 반면 당첨금은 고작 몇 달러이다. 원하는 모든 사람들이 승진한다. 직장에 일할 사람은 없고 감독할 사람밖에 없으니 엉망이 된다. 세상이 뒤죽박죽 엉망이 된다.

 원했던 일이 예상대로 될 것이라고 생각하다가 안 되면 실망스럽고 괴로워진다. 그런데 세상일을 경험하면 할수록 예상대로 되는 것은 많지 않음을 알 수 있다.

출처: Pixabay

 가끔 내가 생각한 대로, 예상한 대로 되는 일이 일어나는 순간이 있다. 원하는 회사에 지원했는데, 이번에 승진을 기대했는데, 사랑 고백을 했는데, 몇 번의 실패 끝에 사업을 새로 시작했는데… 결과가 나의 예상과 딱 맞는 순간이 온다.

일상에, 나의 인생에 몇 번 오지 않는다. **그때가 오면 그 순간을 있는 그대로 즐기자. 예상대로 되지 않는 것이 디폴트인 것으로 알고 있기 때문에 더 기쁜 순간이다.**

내가 이런 상황을 알고 스트레스 없이 생활하려면!

내가 통제할 수 있는 것에 집중한다. 내가 오늘 하루, 또 이 순간에 최선을 다하는 것이다. 즉 과정에 최선을 다한다. 결과는 뒤에 따라오는데 나의 예상대로 될지 안 될지는 내가 컨트롤하기 어렵다.

결과는 팩트이다. 있는 그대로 받아들이고 고쳐야 할 것이 있으면 수정하고 또 다음 최선을 다한다. 그러한 과정을 평정심을 가지고 반복하다 보면, 예상한 결과 또는 바람직한 결과가 따라올 것이다.

5

녹슨 바늘만 아니면!

- 완벽한 조건과 타이밍은 절대 오지 않는다
- 제한된 합리성을 추구하자
- 좋은 생각도 실천하지 않으면 무용지물이다

건초더미 속에 묻힌 여러 개의 바늘 중에 1개를 선택하여 사용할 때, 어떤 방법이 가장 합리적일까? 가장 좋은 바늘을 찾기 위해 온종일 시간을 낭비할 것인가? 그렇다고 아무거나 잡히는 대로 집어 사용하려고 녹슨 바늘이 잡힐 때 더 이상 찾는 것을 그만둘 것인가? 아니면, 몇 개를 찾아보면서 중간 정도 되는 품질의 바늘이 손에 잡히면 그 바늘을 선택하여 사용할 것인가?

사이먼(H. Simon)은 기업의 커뮤니케이션이나 의사결정이 합리적으로 이루어지느냐의 문제가 조직관리의 핵심이라고 보고 의사결정 활동을 중요한 조직행동으로 인식하였다. **관리자들이 의사결정을 하려면 자**

료수집의 어려움과 비용 때문에 비능률적이 되기 쉽고, 그렇다고 아무렇게나 해서도 안 되므로 '제한된 합리성(bounded rationality)' 안에서 하는 것이 가장 현실적이라고 하였다.

우리는 불확실성의 시대에 살고 있다. 변화의 속도는 과거 10년간 일어날 수 있는 변화가 1년 또는 한 달 만에도 특정 분야에는 적용되기도 한다. 지금보다 더 나은 상황을 만들고 싶다. 그러려면 지금까지와는 다른 의사결정과 행동이 뒤따라야 하는 것이 당연하다. 어떤 것들을 얼마만큼이나 바꾸고, 언제 실행하는 것이 좋을까?

출처: Pixabay

수학 공식처럼 우리가 살아가는 세상에는 정해진 답이 없다. 결정은 지금 해야 하고, 결과는 일정 시간이 지난 다음 알 수 있다. 컴퓨터로 시뮬레이션을 돌려 예측을 해볼 수 있는 방식은 내가 몸담고 있는 직장, 사회에서 성공하고자 하는 운동장에서는 적용하기 어렵다. 특정한 목적에 부합하는 선결 조건이 3개인지, 10가지인지, 정확히 알 수 없다. 언제 실행하는 것이 최적의 타이밍인지도 지금 정확하게 알 수 없다.

중요한 일을 하고자 할 때, 완벽한 조건과 최적의 타이밍이 딱 맞는 경우는 없다. 따라서 70% 수준의 조건과 상황이 마련되었다면, 바로 지금 해보는 거다. '이 정도면 되겠다' 하는 수준의 계획으로 실행하면서 에러를 잡고 수정하고 잘된 것은 강화하고 하면서 목표로 한 단계 한 단계 접근하면 된다.

아무것도 하지 않으면 0%, 일단 시작하면 30% 이상은 이미 한 거다. 실행하고 문제가 발생한 것은 고치고, 의외로 잘된 것은 포션(portion)을 늘리고 하다 보면 디지털 숫자가 증가하는 것처럼, 100에 근접할 수 있다. 결과도 꼭 100이 아니어도 70 이상이 달성되면 'go and stop'에 대해 고민하고 결정하면 된다.

인간은 완전한 합리성을 추구하지만, 시간, 돈, 능력 등 여러 가지 제약으로 인해 필요한 모든 정보를 참조, 분석할 수 없으며 같은 이유로 분석 가능한 모든 대안을 검토해 볼 수도 없다.

모든 대안을 완전히 객관적으로 분석, 평가하여 의사결정을 완벽하게 했다고 하더라도(물론 비현실적인 가정이지만), 대안이 실행되는 것은 다가오는 미래이고 그 사이에 있을 변화는 아무도 예측할 수 없다. 그럼 어차피 아무리 노력해도 잘 알 수 없고 예측이 안 되는 미래에 대해 그냥 손 놓고 있는 것이 정답일까?

 나도 그렇고, 다른 사람들도 그렇고 사회도 불완전한 부분이 포함되어 돌아가고 있다는 것을 알아야 한다. 다들 합리성을 추구하지만, 그렇지 못한 생각과 행동들이 때때로 일어난다. **나도 완벽하지 않은데, 다른 사람들이 또한 이 사회가 완벽하기를 바라는 것은 비합리적인 생각과 태도이다.**

 오늘 내가 하루에 최선을 다했다면, 목표로 가는 과정에 아쉬움이 없게 한 과정을 마무리했다면, 가슴에 손을 얹고 당당하게 하루를 보냈다면 만족하는 거다. 그리고 다가오는 결과는 담담하고 겸손하게 받아들이자.

 그때로 돌아갈 수 있다면.

 타임머신을 타고 과거의 결정적인 순간에 다시 돌아가서 다른 선택을 할 수 있다면 얼마나 좋을까? 그동안의 역사적 사건과 기록을 알고 있고, 어떤 선택이 성공적인 결과에 미칠지 이미 알고 있는 상태에서 중요한 결정을 하기 전 상태로 갈 수 있다면! 현재까지의 기술로는 불가능한 일이다.

 인간은 컴퓨터나 인공지능 AI처럼 가능한 모든 자료를 냉정하게 분석하여 결정을 내릴 수 없다. 과거를 기억하는 것도 제한된 것만 기억한다. 라테(나 때는…)를 좋아하는 기성세대가 일부러 그러는 것이 아니다. 시간이 지나면서 쌓이는 모든 자료를 메모리 저장장치를 늘리면서 보관할 수 없기 때문에 'peak & end(가장 좋았던 일과 최근의 일)'만 기억하게 된다.

완벽한 결정을 내리기 위한 완전무결한 정보를 모으기도 불가능하지만 설령 완전한 정보를 얻고 거기에다 최상의 결정을 한다고 해도 기대한 최상의 결과가 나오기는 쉽지 않다. 왜냐고? 결과가 나오기까지의 기간 동안 세상이 변하기 때문이다. 변화의 주기는 빨라지고 속도와 크기도 엄청나게 변하고 있다. 결정을 내리고 실행을 하는 순간 이미 예측한 결과는 달라지고 있는 것이다.

그렇다면 지금 내가 하는 것은 무의한 일인가? 어차피 맞지 않을 결과인데… 아무것도 하지 않으면 아무런 결과도 나타나지 않는다.

70~80%의 확신이 있다면 일단 시작해 보는 거다. 그리고 오늘, 각 단계마다 최선을 다하는 거다. 틀리면 수정하고, 다시 해보고, 앞으로 나아가다 보면 목표치에 다가가게 된다. 처음에 가기로 한, 꼭 그곳이 아니고 다른 곳이더라도 그동안의 시행착오와 조그만 성공들이 값진 경험으로 남는다.

남들이 가지고 있지 않은 나만의 경험이 하나둘 쌓일수록 나의 이름

이 다른 이들과 차별성을 가지게 된다. 그것들이 나의 소중한 인생 이력이 되는 것이다. 뜻대로 잘 되지 않는 것이 인생이지만, 내가 컨트롤할 수 있는 것들에 최선을 다해보자. 그런 과정들이 모여서 나오는 결과는 아쉬움이 없을 것이다.

에필로그
어쩔 수 있는 것에 집중하기

 세상은 내 생각대로 움직이지 않습니다. 경제도 그렇고, 정치도 그렇습니다. 내가 좋아하는 스포츠 팀의 경기도 내 마음대로 결과가 나올 때가 많지 않습니다. 나는 열심히 응원하고 지지하는데 말입니다.

 예상대로의 결과가 나오지 않으면 기분이 나빠집니다. 스트레스도 받습니다. 왜 나보다 세상에 대해 관심이 더 많을까요? 그건 나 스스로가 시간이 갈수록 바라는 삶, 그리고 기대하고 만족하는 삶과 거리가 멀어지기 때문입니다.

 유치원 때에는 장래희망을 정하면 다 그렇게 되는 줄 알았는데, 인생의 나이테가 늘어갈수록 여러 장벽과 한계에 부딪히면서 지금의 불완전한 내가 존재합니다. 그래서 **나를 제외한 세상 모든 일에 관심을 가집니다. 대부분 내가 통제할 수 없는 일들입니다.**

 내가 나를 컨트롤할 수 없으면서, 세상은 내 생각대로 되기를 바랍니다.

 이제부터는 오늘 하루에 최선을 다하기, 결과보다 과정에 충실하기를

위해 노력합니다. 오늘 하루는 내가 통제할 수 있습니다. 결과는 예측하기 어렵지만 과정은 통제할 수 있습니다. 내가 통제할 수 있는 것에 집중하면 머리가 맑아집니다. 더불어 몸도 건강해지는 것을 느낍니다.

50 중반을 넘어선 나이, 또래의 친구들보다 몸을 관리한다고 노력하는데도 불구하고, 평소보다 몸을 조금이라도 무리하면 삐걱삐걱 불편한 신호가 옵니다.

이순신 장군이 위대한 여정을 마친 나이가 54세였습니다.
캘리포니아에 있는 작은 햄버거 가게를 세계적인 브랜드 '맥도날드'로 성장시킨 레이 크록은 50대에 본격적인 성장을 시작했습니다.

"직장생활을 30년 꼬박 했으니, 긴장을 내려놓고 마음 편한 일을 해보라."라는 권유를 받습니다. 그런데 내가 느끼는 신체적, 정신적 나이는 30, 40대입니다. 더 해보고 싶은 경험들이 너무 많습니다.

그동안은 정해진 틀 안에서 직장생활을 하였습니다. 이제는 새로운 도화지에 나 스스로 그림을 그리고 있습니다. **누가 뭐라고 해도 내 인생이고, 어떤 코치를 해주어도 내가 해내야 합니다. 다른 사람이 나 대신 살아주지도 않고, 다시 안 올 한 번뿐인 인생이기 때문입니다.**

대학교에서 학생들을 가르치는 일은 보람과 책임을 같이 주는 일입니다. 한 시간을 강의하려면 서너 배의 시간을 투자해야 합니다. 또한 가르치는 만큼 내가 더 배우는 값진 경험을 하고 있습니다.

 교재에 나오는 이론을 직장생활 중 알고 실제에 적용했더라면 하는 아쉬움과 바람이 교차합니다. 어떤 행동을 하더라도 무의식적으로 하는 것과 알고 하는 것은 분명 다른 것이기 때문입니다.

 아는 만큼 세상이 보이고, 그만큼 경험하고 발전할 수 있습니다.
 지나온 인생에서 충분히 경험하였고, 그것을 학생들에게, 후배 직장인들에게 전하고 싶습니다.

 여러분들도 각자의 그림을 본인의 인생에서, 또 그중의 일부인 직장에서도 잘 그려가길 바랍니다.

| 참고한 자료 |

《조직행동》 7판(임창희 저, 비앤엠북스)

《경제학원론》 6판(이준구, 이창용 저, 문우사)

《초우량 기업의 조건(In Search of Excellence)》(톰 피터스 저, 더난출판사)

《불멸의 지혜》(월러스 워틀스 저, 스노우폭스 북스)

《결단(START NOW GET PERFECT LATER)》(롭 무어 저, 다산북스)

《직장으로 간 뇌 과학자》(존 메디나 저, 프런티어)

《김형석의 인생문답》(김형석 저, 미류책방)

《법륜 스님의 행복》(법륜 저, 나무의 마음)

《내 안에서 행복을 만드는 것들》(하노 벡 저, 다산초당)

《인생의 의미》(토마스 힐란드 에릭센 저, 더퀘스트)

그리고,
　부모님, 직장 선배님, 동료들 그리고 후배님들의 좋은 말씀을 참조하였습니다.

슬기로운 직장생활

초판 1쇄 발행 2025. 1. 29.

지은이 하준삼
펴낸이 김병호
펴낸곳 주식회사 가넷북스

편집진행 이지나
디자인 김효나

등록 2019년 4월 3일 제2019-000040호
주소 서울시 성동구 연무장5길 9-16, 301호 (성수동2가, 블루스톤타워)
대표전화 070-7857-9719 | **경영지원** 02-3409-9719 | **팩스** 070-7610-9820

• 가넷북스는 여러분의 다양한 아이디어와 원고 투고를 설레는 마음으로 기다리고 있습니다.

이메일 garnetoffice@naver.com | **원고투고** garnetoffice@naver.com
공식 블로그 blog.naver.com/garnetbooks
공식 포스트 post.naver.com/garnetbooks | **인스타그램** @_garnetbooks

ⓒ 하준삼, 2025
ISBN 979-11-92882-14-7 03320

• 파본이나 잘못된 책은 구입하신 곳에서 교환해드립니다.
• 이 책은 저작권법에 따라 보호를 받는 저작물이므로 무단전재 및 복제를 금지하며,
이 책 내용의 전부 및 일부를 이용하려면 반드시 저작권자와 도서출판 가넷북스의 서면동의를 받아야 합니다.